KB051373

광고학교에서 배운 101가지

101 THINGS I LEARNED IN ADVERTISING SCHOOL

Copyright ⓒ 2018 by Matthew Frederick

All rights reserved.

Korean translation copyright ⓒ 2021 by Dongnyok Publishers

This translation published by arrangement with Crown, an imprint of Random House, a division of Penguin Random House LLC through EYA(Eric Yang Agency)

이 책의 한국어판 저작권은 EYA(Eric Yang Agency)를 통해 Random House, a division of Penguin Random House LLC와 독점 계약한 도서출판 동녘에 있습니다.
저작권법에 의하여 한국 내에서 보호를 받는 저작물이므로 무단 전재와 무단 복제를 금합니다.

광고학교에서 배운 101가지

초판 1쇄 펴낸날 2021년 12월 3일
초판 2쇄 펴낸날 2024년 6월 20일

지은이 트레이시 애링턴 · 매튜 프레더릭
옮긴이 김경영
펴낸이 이건복 **펴낸곳** 도서출판 동녘
편집 이정신 이지원 김혜윤 홍주은 **디자인** 김태호 **마케팅** 임세현 **관리** 서숙희 이주원
등록 제311−1980−01호 1980년 3월 25일
주소 (10881) 경기도 파주시 회동길 77−26
전화 영업 031−955−3000 편집 031−955−3005 전송 031−955−3009
블로그 www.dongnyok.com **전자우편** editor@dongnyok.com
인쇄 새한문화사 **제본** 다인바인텍 **라미네이팅** 북웨어 **종이** 한서지업사

ISBN 978−89−7297−014−9 00320

101 THINGS I LEARNED is a registered trademark of Matthew Frederick.

• 잘못 만들어진 책은 바꿔 드립니다.
• 책값은 뒤표지에 쓰여 있습니다.

나의 기적인 라이언 어밀리아와 캘린 하비어 …
누구보다 두 사람을 사랑한다는 걸 절대 잊지 말길.
그리고 독서는 눈뜨고 꾸는 꿈이라 믿었던 남자를 기억하며.
저택, 로브, 왕관 모두 당신 거야.
사랑해, 아주 많이.
– 트레이시

책을 펴내며

광고는 엄청난 규모의 돈을 벌어들이지만, 홀로는 존재할 수 없는 산업이다. 광고업계는 다른 많은 산업에 전적으로 기대어 존재한다. 우리 광고인들은 광고업에 종사하지만, 실제로는 자동차, 영화, 소매, 식품, 통신, 보험, 기술, 교육, 금융, 여행, 에너지, 의약, 제조, 서비스 업계에 몸담고 있다고 말한다.

광고를 공부하기로 결정했을 때는 생각지도 못한 일이었다. 수학에 푹 빠져 있던 나는 금융이나 화학공학보다 더 흥미로운 분야에서 나의 분석력을 써먹을 틈새를 찾고 싶었다. 그러다가 전공과는 완전히 거리가 먼 일을 하게 되었다. 광고학과 전공자들이 이 분야에 더 적합할 것 같았다. 예술, 글쓰기, 사진, 심리학, 컴퓨터공학 등에 두루 능했으니까. 하지만 광고를 전공한 그들도, 그리고 나도 모두 배워야 할 게 많았다. 광고는 여러 방면의 기술과 전문 지식을 갖춘 다양한 사람을 필요로 하는 일이었기 때문이다.

지금 나는 데이터 분석 말고도 훨씬 많은 분야의 지식을 갖추고 있다. 비록 예상치도 못한 분야이긴 하지만. 내가 아는 지식은 별나고 종잡을 수 없다. 가령 다진 쇠고기를 재가열하는 법을 안다. 명품 매장 직원이 왜 고객을 화장실까지 직접 안내하는지 알고, 지프차 헤드라이트를 엘이디LED로 교체하는 데 왜 부하평형장치가 필요한지 알고 있다. 돈을 들여 친환경 에너지를 사용하고 있는데도 어째서 전기가 환경을 오염시키는지 그 이유를 안다. 또 영화관 팝콘을 어떻게 만드는지도 안다.

수많은 분야를 넘나든다는 특징 때문에 광고인들은 광고에 매력을 느낀다. 한편 같은 이유로 광고는 누명을 쓰기도 한다. 어떤 사람들이 보기에 광고는 영혼도 알맹이도 없다. 실체 없는 껍데기에 불과해 보인다. 짜증나고 지루하다. 툭 하면 튀어나와 방송의 맥을 끊어놓는다. 그저 거짓말 놀음으로밖에 보이지 않는다.

실제로 광고는 많은 사람이 생각하는 것보다 더 복잡하다. 광고를 하려면 다양한 기술이 필요하고, 광고에 입문하는 여러 가지 길이 있으며, 들어가더라도 할 일이 산더미다. 거짓말 놀음이라는 말에 대해서는 오히려 그 반대라고 생각한다. 광고는 진실을 말하는 기술이다. 광고 캠페인은 숨은 진실을 밝혀낼 때 성공을 거둔다. 여기에는 제품이나 서비스, 소비자의 욕구나 별난 습성, 사소한 결점, 우리 문화의 고정관념이나 편견 등에 대한 진실이 포함된다. 그 진실을 어느 정도 보여줄 때, 광고는 소비자의 마음을 사로잡는다.

과연 광고가 무엇인지, 또 여러분이 앞으로 몸담게 될지도 모를 광고라는 분야가 어떤 곳인지 알려주고 싶어 101가지 팁을 정리해보았다. 아마 여러분이 공감하는 팁과 학교 친구나 동료 들이 공감하는 팁이 다를 것이다. 6개월 또는 6년 후에 이 101가지 팁을 다시 읽어보면 아주 다르게 느껴질지도 모른다. 그동안 새로 알게 된 정보나 경험 덕에 각각의 팁에서 새로운 사실을 발견하고, 또 알게 될 것이다. 그 과정에서 자신의 안전지대로부터 벗어나 기본 지식과 새로운 시각, 자극과 통찰을 얻고 자기에게 맞는 자리를 찾아가길 바란다.

트레이시 애링턴

감사의 말

션 애덤스, 애슐리 앤디, 다이앤 하이덴볼프 보흐너, 브라이언 벤쇼터, 트리샤 보치카우스키, 테이텀 브라운, 미셸 체니, 리사 도비아스, 클라크 에번스, 소르카 페어뱅크, 존 플뢰터, 타라 포드, 키르야 프랜시스, 맷 인먼, 필 존슨, 진 킨케이드, 앤드리아 로, 리베카 리버먼, 질 리버샛, 엘리자베스 매카시, 미니언즈, 제프 닉슨, 어맨다 패튼, 찰리 D. 레이, 재닛 리드, 앤절린 로드리게스, 몰리 스턴, 릭 울프에게 감사의 말을 전한다.

일러두기
본문에서 ●표시는 옮긴이 주입니다.

광고학교에서 배운 101가지

101 Things I Learned in Advertising School

트레이시 애링턴 · 매튜 프레더릭 지음

김경영 옮김

동녘

광고가 싫은 사람은 뭐든 스스로 해결해야 한다.

다른 사람이 만든 것을 본인이 만들 때보다 저렴한 비용으로 살 수 있을 때 우리는 소비자가 된다. 현대의 경제는 이러한 전제를 많은 사람이 받아들였기 때문에 돌아가는 것이다. 우리 각자는 하나 이상의 분야에 전문성을 갖추고 그 분야에서 무언가를 생산해낸다. 또 여러 분야에서 일하는 사람들의 전문성과 생산성에 기대어 살아간다. 광고는 사람들이 만들어 파는 것을 찾아내는 도구 역할을 한다. 대량생산과 대량소비의 시대에 꼭 필요한 안내자 같은 존재다.

미국 일부 주에서 가장 많은 매장 종류
자료: Huffington Post / Yelp, 2015.

많은 사람이 나와 비슷하다. 뭐, 아주 약간은.

광고 캠페인의 타깃 고객은 비슷한 특징, 관심, 행동을 보인다. 본인이 타깃층에 속한다고 생각하는 순간, 소비자로서 본인에게 매력적으로 보이는 광고를 만드는 경향이 있다. 가령 남성적인 기질을 가진 위스키 마니아가 위스키 판매 사업을 하는 경우라면 본인이 제일 좋아하는 잡지인《맥심》에 인쇄 광고를 싣고 싶을지 모른다. 하지만 자료에 따르면, 위스키 애호가들이 가장 많이 읽는 잡지는《베터 홈스 앤드 가든스Better Homes and Gardens》[*]다.

데이터로 입증할 수 있는 타깃 정보를 바탕으로 해야지, 본인이나 지인에게 통할 것 같은 정보를 바탕으로 광고를 만들어서는 안 된다.

* 정원과 인테리어를 다루는 월간 잡지.

**머큐리
플리머스
사브**

인지   고려   관심   호감   선호   구매

제품 구매 여정

소비자는 모든 구매 결정을 할 때 구매 여정을 따라 움직인다. 여정의 매 단계를 지날 때마다 제품에 대한 소비자의 신뢰는 강화된다. 타코나 껌처럼 저렴한 제품은 구매 여정이 짧고, 심지어 순식간에 구매 결정을 내리기도 한다. 자동차나 세탁기, 약혼반지처럼 비싸고 개인적으로 중요한 물건의 경우, 구매 여정은 수개월에서 수년이 걸리기도 한다.

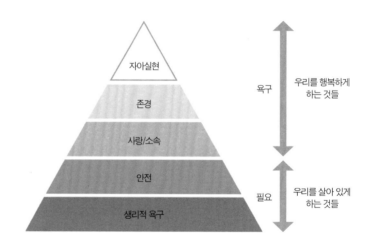

자아실현

존경

사랑/소속

안전

생리적 욕구

욕구

우리를 행복하게
하는 것들

필요

우리를 살아 있게
하는 것들

매슬로의 욕구 단계

제품이 아니라 필요나 욕구에서 시작하라.

야채주스가 제품이라면 영양소는 필요, 건강하지 않은 음식을 먹는 죄책감에서 벗어나고자 함은 욕구다. 잔디 씨앗이 제품이라면 주택소유자협회의 기준에 부합하는 것은 필요, 이웃이 울창한 잔디밭을 부러워하게 만드는 건 욕구다. 선크림이 제품이라면 피부암 예방은 필요, 더 어려 보이고자 하는 마음은 욕구다. 코트가 제품이라면 보온은 필요, 패셔니스타의 평판을 지키고 싶은 건 욕구다. 자동차 타이어가 제품이라면 차에 탄 아이들의 안전을 지키는 건 필요, 도로에서 멋져 보이고 싶은 건 욕구다.

옥외 매체

비행 신호, 옥외 광고판, 브랜드의 장식품, 택시와 교통 신호, 체험 행사, 쇼핑몰, 티셔츠, 타투, 다른 카테고리에
포함되지 않는 모든 것

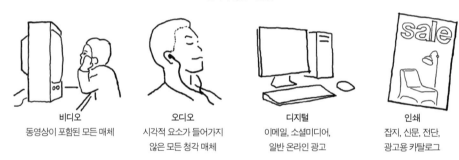

비디오
동영상이 포함된 모든 매체

오디오
시각적 요소가 들어가지
않은 모든 청각 매체

디지털
이메일, 소셜미디어,
일반 온라인 광고

인쇄
잡지, 신문, 전단,
광고용 카탈로그

다섯 가지의 매체 종류

모든 표면은 광고 매체가 될 수 있지만,
그렇다고 꼭 거기다 광고할 필요는 없다.

광고가 노출되는 환경은 광고하는 제품이나 서비스의 타깃 고객이 보이는 반응에 매우 큰 영향을 미친다. 교통안전공단 앞에 줄 서 있는 사람들에게 브랜드 광고를 하면 사람들은 그 브랜드를 지루함, 통제와 연관 지어 기억할 수 있다. 매력적인 브랜드의 광고도 공중화장실에 노출하면 투박하고 저급해 보일지 모른다. 암센터 입구에 노출한 장례식장 광고는 당연히 분노를 유발한다.

보상금 1만 달러
지명수배(생포 혹은 사살)

제시 제임스

은행, 기차, 역마차, 캔자스시
축제 강도 혐의

제시 우드슨 제임스 / 가명: 토머스 하워드
키 156센티미터, 체중 77킬로그램, 왜소한 체형 / 무기 소지, 위험인물

가까운 미 보안관 사무실로 연락 바람

인쇄 광고의 6가지 요소

헤드라인 문제나 이점을 전달하거나 호기심을 자극한다.

이미지 광고하는 대상, 해당 제품이나 서비스, 해당 제품이나 서비스를 사용하는 환경, 해당 제품이나 서비스가 해결할 수 있는 문제, 또는 가져다줄 이점을 알린다.

바디카피 광고 본문. 주요 이점에 집중해 제품이나 서비스에 대한 관심을 유발한다. 강한 감성적 연상을 일으킬 목적이 있거나, 타깃 고객이 온라인에서 정보를 찾아보리라는 기대가 있을 때는 생략할 수 있다.

콜 투 액션CTA[*] 보통은 긴박감을 조성해 보는 사람이 특정 행동을 취하게끔 한다. 예를 들어 "오늘 딜러를 찾아가세요" 등이 있다.

연락처 정보 회사 연락처 또는 제품이나 서비스 이용 방법을 안내한다. 예전에는 회사명·주소·전화번호를 넣었지만, 요즘은 거의 웹사이트 주소나 SNS 계정 정도만 넣는다.

회사 식별 정보 보통 로고를 넣지만, 때로 회사 이름만 넣기도 한다.

[*] 소비자가 어떤 행동을 하도록 유도하는 문구나 이미지.

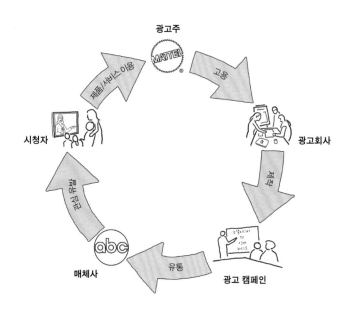

광고주

고용

광고회사

제작

광고 캠페인

유통

매체사

광고 유통

시청자

제품/서비스 이용

광고의 주체는 광고회사가 아니다.

광고주 매스컴을 통해 다른 사람들에게 영향을 미치거나 정보를 전달하려는 개인, 조직, 회사

광고회사 광고주에게 고용되어 소비자의 인식과 행동을 일으킬 전략과 광고물을 만드는 회사

매체사 광고 시간과 공간을 판매하는 TV 방송국, 웹사이트, 신문, 옥외 광고판 소유주

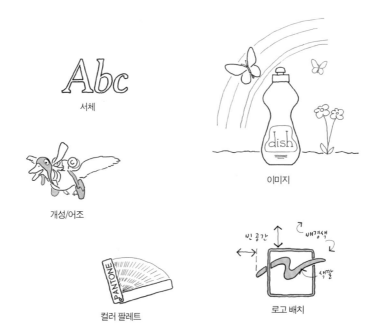

Abc
서체

개성/어조

이미지

컬러 팔레트

로고 배치

빈 공간
배경색
색깔

일반적인 브랜드 규격

광고는 일회성이 아니다.

기업을 비롯한 조직은 수많은 방식으로 대중에게 회사를 알린다. 온라인 광고부터 고객센터의 전화 응대 방식까지 **브랜드 규격**에 맞춰 어느 접점에서나 브랜드의 특성과 스타일, 분위기를 일관성 있게 전달하는 것이 이상적이다.

광고주의 브랜드 규격을 참고해 광고 캠페인을 시작하라. 제대로 된 브랜드 규격이 없거나 시대에 뒤처진 경우, 광고주가 제대로 된 규격을 개발할 수 있도록 돕고, 광고의 배경에 대한 서로의 이해를 바탕으로 캠페인을 진행하라.

예술의 본질은 이미지가 아니라 아이디어다.

광고 캠페인이라는 시각적 제품은 보기에 매력적이어야 한다. 그러나 광고의 본질은 제품이나 서비스가 사용되는 행동적·심리적·문화적 배경에 대한 지적 인사이트를 만들어내는 데 있다. 손재주가 없다고 꼭 형편없는 예술가라고 할 수는 없다. 인사이트를 개발한 뒤 이를 최선의 방법으로 전달하라. 이미지를 그리거나 자르거나 붙이고, 막대그림을 그리며, 아이디어를 전달할 만한 단어를 신중하게 고르고, 아이디어를 정밀하게 평가하라. 시각 커뮤니케이션에 능하다면, 겉보기만 그럴싸하고 인사이트는 실종된 광고를 만드느라 서두르지 마라.

"좋은 디자이너가 좋은 광고인이 되는 경우는 드물다.
이미지의 아름다움에 홀려 제품을 팔아야
한다는 사실을 잊어버리기 때문이다."

— 제임스 랜돌프 애덤스 James Randolph Adams[*]

＊ 미국의 광고회사 경영인.

당신은 소유할 자격이 있기에.

새로운 로열 디럭스 IV

지금 클릭하고
엄청난 상금의
주인공이 되세요!

브랜드 광고   직접 반응 광고

브랜드 광고? 직접 반응 광고?

브랜드 광고 또는 소프트셀soft-sell(연성 판매) 광고 브랜드의 토대를 구축하는 장기간의 광고. 브랜드 광고는 기업이 표방하는 바를 전달함으로써 브랜드의 전반적인 정체성과 친근함을 만든다. 품질 기대치를 설정하고, 잠재적 구매자와 정서적 유대를 구축하는 데 효과적이다. 구매 주기가 긴 제품이나 브랜드의 소비자 인식을 높이는 데 제일 효과적이다.

직접 반응 광고 또는 하드셀hard-sell(경성 판매) 광고 소비자에게 통화, 링크 클릭, 앱 다운로드, 구매, 투표 등의 특정 행동을 일으키는 데 초점을 둔 광고. '7월에 자동차 100대 판매' 등 정해진 기간에 구체적인 목표를 달성하는 데 효과적이다. 광고의 성공 여부는 광고 전후 데이터를 비교해 측정할 수 있다.

영업사원   고객서비스   브랜드 제품

앱   소매점   웹사이트

일반적인 고객 접점

접점

고객과 관계를 맺는 기업의 모든 부분을 말한다. 접점을 통해 소비자는 기업은 물론 기업의 신뢰성, 품질, 제품 라인에 대한 전체적인 인상을 갖는다. 고객이 고객서비스 부서와 갖는 '구매 후 경험'이, 브랜드 인지도를 높인 광고 캠페인과 완전히 일치하면 제일 좋다.

화장실 휴지를 팔 때는 '도달률'이,
비욘세 콘서트를 광고할 때는 '빈도'가 중요하다.

도달률reach 광고 메시지를 듣는 사람의 수. 제품을 이용하는 고객층이 광범위하고 계절별로 편차가 없다면, 최대한 많은 사람을 대상으로 최대한 많은 장소에서 장시간 광고하라. 시간 간격을 두고 해도 괜찮다.

빈도frequency는 사람들이 광고 메시지를 듣는 횟수. 제품을 짧은 기간 동안 특정 타깃에 소구하는 경우, 광고가 노출되는 기간 안에 최대한 자주 광고하라.

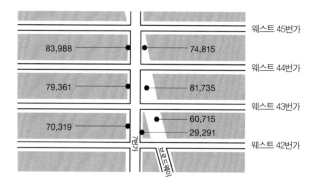

웨스트 45번가

83,988 → 74,815

웨스트 44번가

79,361 → 81,735

웨스트 43번가

70,319 → 60,715
29,291

웨스트 42번가

2017년 2월 뉴욕 타임스스퀘어 하루 평균 보행자 수
자료: Times Square Alliance.

광고하는 기업이 가장 신경 쓰는 결정은 광고의 노출 위치다.

자동차와 보행자의 통행량을 중시하는 기업은 통행량이 많은 장소가 광고에 유리하다. 하지만 고객과 직접 접촉하지 않는 회사조차 통행량이 많은 위치에 기업 이름을 노출하면 브랜드 인지도를 높일 수 있다. 외진 곳에 위치한 회사나, 고객과의 소통이 온라인에서만 일어나는 회사라면 임대료에서 절약한 돈을 광고에 써야 한다.

"게릴라이기 전에 너는 내 아들이다."

세계에서 두 번째로 긴 내전을 종식시킨 광고 캠페인

콜롬비아 무장 혁명군은 1964년 결성되어 콜롬비아 정부를 상대로 테러 행위를 시작했다. 혁명군과 대치한 지 45년이 흐른 뒤, 콜롬비아 국방부는 반군 단체가 게릴라 행위를 멈출 수 있도록 해달라며 한 광고회사에 도움을 요청했다.

2010년 크리스마스 직전, 광고회사 로웨 SSP3은 혁명군 군인들이 자주 오가는 정글 곳곳에 크리스마스 트리를 가져다 놓았다. 트리들 사이의 현수막에는 이렇게 적혀 있었다. "정글에 크리스마스가 오면 집에 갈 수 있다. 군대를 해산하라." 혁명군들은 크리스마스를 가족과 보내려고 조직을 나왔다. 1년 뒤, 광고회사는 혁명군들이 자주 가던 강 위에 뗏목을 띄워 반짝이는 플라스틱 공과 선물, 혁명군 가족들이 보낸 메시지를 실었다. 혁명군은 다시 해산했다.

혁명군은 몇 년 뒤 일방적인 휴전 선언을 했다. 이후 콜롬비아 정부와 합의하에 긴 전쟁을 종식했다.

판단하지 말고 이해하라.

어떤 제품이 괜찮아 보인다고 해서 긍정적으로 보지 말고, 이용할 일이 없다고 해서 제품이나 그 사용자를 부정적으로 판단하지 마라. 사용자의 관점, 감정 상태, 기대하는 마음을 그대로 받아들여라. 열심히 만든 광고가 본인이나 광고주의 취향이 아니라면, 본인이나 광고주가 아니라 타깃 고객의 마음을 움직이는 것이 중요하다는 사실을 기억하라.

제품   물리적/실질적 상황   감정 상태

제품이 필요한 상황을 보여줘라.

소비자는 단지 제품 그 자체 때문에 제품을 구매하진 않는다. 삶을 더 나아지게 만들고 싶어서 구입하는 것이다. 제품을 사용할 만한 상황을 보여주면, 소비자들은 제품이 자신에게 주는 보상을 더 쉽게 떠올린다.

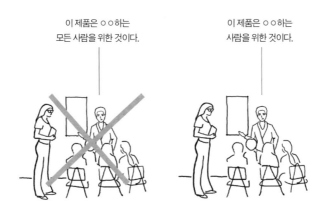

타깃을 좁혀야 도달률이 높아진다.

어떤 제품, 어떤 광고 캠페인도 모든 사람의 공감을 얻을 수는 없다. 그 제품을 구매할 법한 한 명을 찾아 그 사람을 타깃으로 삼아라. 즉, 제품의 가치를 자연스럽게 이해하는 구체적인 한 사람을 겨냥하라. 그 사람과 비슷한 사람들이 있을 것이다. 모든 사람을 대상으로 삼으려 하면 정작 핵심 타깃은 그 광고를 보지 못할 수도 있다. 뜨뜻미지근한 반응을 보이며 사지도 않을 다수의 사람보다는, 제품을 좋아하고 기꺼이 돈을 내고 구입할 비교적 소수의 사람이 광고를 보는 게 더 낫다.

핵심 고객을 파악하기가 유독 힘들다면, 제품을 결코 사용하지 않을 사람과, 평소라면 궁금하지 않았을 그들의 생각에 대해 더 알아보라. 대화를 나누며 그들이 어떤 사람들인지 파악해보라. 그 차이를 알아보는 과정에서 제품의 타깃 고객을 정할 수 있을지 모른다.

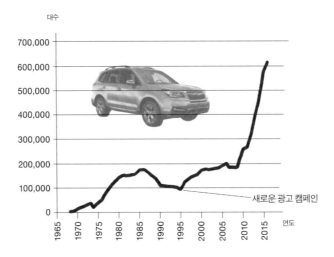

대수

700,000

600,000

500,000

400,000

300,000

200,000

100,000

0

1965 1970 1975 1980 1985 1990 1995 2000 2005 2010 2015   연도

새로운 광고 캠페인

1968~2016년 스바루 아메리카 판매량

스바루, 핵심 타깃을 찾다.

1968년 미국 시장에서 자동차를 판매하기 시작한 일본의 자동차 회사 스바루는, 아시아의 다른 자동차 회사들에 견줄 만한 판매량과 시장 점유율을 구축하느라 고군분투했다. 1990년대 초반, 회사의 매출은 감소했다. 스바루는 자신들이 결코 주류 브랜드가 되지 못할 것이라는 사실을 받아들이기 시작했다. 그렇다면 누가 스바루 자동차를 좋아했고, 그 이유는 뭘까?

스바루는 고객들을 대상으로 설문조사를 했다. 조사를 통해 회사 매출액의 절반이 교육자, 의료 종사자, 기술 전문가, '야외 활동 애호가', 독신 여성이라는 다섯 개 집단에서 나온다는 사실을 알게 되었다. 고객들은 스바루가 사륜구동인 덕분에 험한 환경에서도 운전이 가능하고, 트럭보다 운전이 쉬우면서도 짐을 많이 실을 수 있다는 점에 높은 점수를 주었다.

스바루는 다섯 그룹을 타깃으로 한 광고 캠페인을 시작했다. 독신 여성 가구 중 비율이 높은 레즈비언 고객에 주목했다. 스바루는 간접적인 동성애 코드를 넣어 게이와 레즈비언 들을 겨냥한 광고를 만들었다. 게이 퍼레이드를 후원하고, '레인보우' 신용카드와 제휴를 맺었으며, 레즈비언인 전 테니스 선수 마르티나 나브라틸로바Martina Navratilova를 광고 모델로 기용했다. 광고는 보이콧 위협을 겪기도 했지만, 스바루는 항의하는 이들 중 누구도 자사의 자동차를 구매한 적이 없다는 사실을 알게 되었다. 회사는 그 이후로 계속 성장 중이다. 2016년 스바루 아메리카는 연매출 기록을 8년 연속 경신했다.

열성 고객을 찾아라.

체류시간이 긴 사람들을 찾아라. 무언가를 좋아해서 기꺼이 돈을 치를 준비가 되었을 때 사람들은 광고 체류시간이 길고, 광고 회상률 또한 높다. 가령 《주짓수》 구독자들은 잡지를 처음부터 끝까지 꼼꼼히 읽지만, 어디서 잡지를 받은 사람들은 그렇지 않을 것이다. 훌루Hulu에서 유료로 〈사우스 파크〉를 시청하는 사람들은 프로그램을 집중해서 보겠지만, 보통 TV로 보는 다른 사람들은 에피소드나 앞뒤에 붙는 광고를 눈여겨보지 않을지도 모른다.

기존의 팬 층과 유대를 맺으라. 스포츠팬이든 암 인식개선 캠페인 참여자든, 사람들은 팀의 일원이라는 사실에 자부심을 갖는다. 그들은 일반 머그컵보다 팀 로고가 들어간 머그컵이 나올 때 광고에 세 배 더 긴 시간을 머문다. 팀과 연결되고 싶은 욕구 때문이다. 특정 브랜드가 유명 팀과 제휴를 맺으면 노출을 극대화할 수 있다.

팬 프로필을 만들어라. 모든 제품은 제품을 사랑하며 자주 구매하고 다른 사람들에게 말하는 사람들, 즉 팬 층을 보유한다. 주 연령층과 기존 팬의 행동을 파악해 팬 프로필을 만들고, 행동과 생각이 비슷한 사람들을 겨냥하라.

관련된 것에 열광하는 사람들을 찾아라. 제품과 관련된 것에 열광하는 사람들을 찾아라. 도넛 가게를 운영한다면 커피와 조간신문, 현지 기업을 좋아하는 사람을 찾으면 된다.

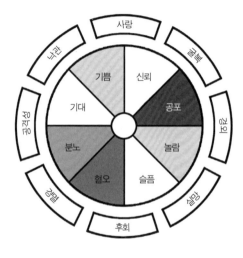

플루칙의 '감정의 바퀴' * **일부**

* 심리학자 로버트 플루칙Robert Plutchik이 인간이 느끼는 감정의 강도를 색으로 분류한 도표.

제품 가격이 비쌀수록 감성에 소구해야 한다.

명품의 가치는 주로 우수한 품질에 있지만, 더 큰 가치는 정신적 만족감에 있다. 자부심, 기쁨, 성취감, 독점성, 부러움이 제품과 연관되면서 체감 가치는 더 높아진다. 브랜드의 감성적 소구가 성공적일수록 제조원가와 소매가격의 이윤 폭은 더 커진다.

이 배터리를 사고 싶어요.　　　　네. 전화번호가 어떻게 되죠?

고객에게 개인정보를 얻고 싶다면,
상응하는 대가를 제공하라.

가장 유용하고 정확한 데이터는 보통 고객에게서 바로 얻는 정보다. 흔히 사람들은 무언가를 보상으로 받을 때 본인의 개인정보를 내놓는다. 쿠폰을 얻으려고 이메일 주소를 적어 내고, 한 시간 동안 와이파이를 쓰기 위해 30초짜리 영상을 보며, 유료 기사를 읽으려고 설문조사에 응한다.

하지만 개인정보는 거의 언제나 비슷한 대가를 요구한다. 따라서 민감한 정보가 필요하면 그 '대가'가 괜찮아야 한다. 그렇지 않으면 필요한 정보를 얻지 못할 것이다.

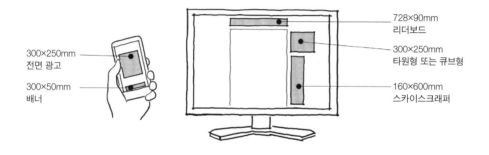

300×250mm
전면 광고

300×50mm
배너

728×90mm
리더보드

300×250mm
타원형 또는 큐브형

160×600mm
스카이스크래퍼

온라인 광고 표준 픽셀 사이즈(IAB 기준)

온라인 광고 타깃 스스로 제일 효과적인 광고를 선택하게 하라.

인쇄 매체의 광고를 제작하는 사람은 가장 효과적일 법한 광고를 만든다. 디지털 세계에서는 효과적인 광고를 알아내는 데 타깃 고객이 도움을 줄 수 있다. 다양한 광고 또는 같은 광고의 여러 변형된 버전을 만들어, 광고 관심도와 그 결과로 일어나는 매출을 파악해 가장 효과가 좋은 광고를 실시간으로 알 수 있다. 알고리즘은 다양한 광고 크기, 색채, 서체, 이미지, 카피 소구점, 혜택, 행동 촉발 등의 효과를 추적해, 제일 효과적인 포맷을 가장 자주 노출할 수 있다.

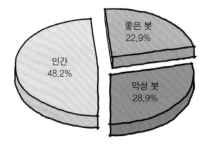

2016년 웹트래픽
자료: Imperva Incapsula Bot Traffic Report.

온라인 광고는 운이 좋아야 타깃의 절반이 볼 것이다.

인구 통계 자료와 개인적 기준을 이용해 타깃을 신중하게 선정해도, 온라인 광고의 절반 이상은 다음과 같은 이유로 타깃 고객에게 결코 도달하지 못한다.

로딩 오류/느린 로딩 시간 광고가 제대로 로딩되지 않거나 로딩 시간이 길면, 사람들은 광고를 보기 전에 다른 곳으로 가버릴지도 모른다. 그래도 광고비는 나갈 것이다.

숨김 브라우저 가장자리의 광고는 완전히 숨어 있어 슬쩍 보이는 정도다. 누구의 눈에도 띄지 않지만, 본 것으로 간주된다.

픽셀 스터핑pixel stuffing 양심 없는 매체사가 하나의 픽셀 안에 '채워 넣은' 광고. 누구의 눈에도 띄지 않지만, 본 것으로 간주된다.

애드 스태킹ad stacking 하나의 광고 위에 다른 광고가 바로 겹쳐 있는 방식. 아래쪽에 있는 보이지 않는 광고도 본 것으로 간주된다.

봇 트래픽bot traffic '좋은' 봇은 웹사이트를 돌아다니며 검색 엔진에 적합한 내용을 만들어낸다. '악성' 봇은 인간의 검색 행동을 흉내 내는 소프트웨어로, 심지어 스크롤과 링크 클릭 행위까지 따라해 인위적으로 광고 조회수를 높인다.

광고 차단 인터랙티브광고협회IAB는 2016년 데스크톱 사용자 26퍼센트, 모바일 기기 소비자 15퍼센트가 광고 차단 소프트웨어를 사용 했다고 추정했다.

John Wanamaker

"내가 광고에 쓰는 돈의 절반은 낭비된다.
문제는 내가 그 절반이 어디서 새는지 모른다는 것이다."

— 존 워너메이커 John Wanamaker(백화점 경영자)

뉴욕 캐츠킬의 옥외 광고

꼭 필요한 경우가 아니라면 고객을 직접 언급하지 마라.

보석보증인* 이용자를 구하는 광고는 당신이 구속 상태에서 법의 심판을 기다리는 중인지 물을 수 있다. 대출 회사나 세무사는 당신에게 빚이 있는지 물을 수 있다. 위기상담전화의 상담원은 당신이 안 좋은 생각을 하고 있거나 학대당하는 중인지, 또는 중독으로 힘들어하는 상황인지 질문할 수 있다.

하지만 신발 브랜드 페이리스Payless는 자기네 신발이 돈 없는 사람들을 위한 제품이라고 말할 수 없다. 크리스찬 루부탱Christian Louboutin은 자기네 신발이 돈 많은 사람들을 위한 제품이라고 말할 수 없다. 나인웨스트Nine West는 자기네 신발이 루부탱을 살 여유가 없는, 유행에 민감한 여성들을 위한 제품이라고 말할 수 없다. 그 대신 서브텍스트, 즉 광고의 이미지, 색깔, 서체, 음악, 표현 방식, 그리고 광고에 등장하는 배우, 모델, 대변인을 통해 타깃 고객의 주의를 끌어야 한다. 서브텍스트가 적절하다면 타깃 고객은 자기에게 이야기하고 있음을 안다. 알아듣지 못하는 사람은 애초에 타깃 고객이 아니다.

* 보석금을 내고 피고가 구속 상태에서 풀려날 때 이를 보증하는 역할을 하는 사람 또는 기관.

비콘beacon 장치는 GPS 기술을 이용해 소매점 고객들에게 할인 정보를 전송한다.

장바구니에 들어갈 때까지는 광고다.

POP 진열대, 선반 행거, 제품 포장지는 다른 형태의 광고보다 소비자에게 가까이 있다. 이 같은 광고는 소비자가 구매 결정을 내리기 전까지 '최종' 영향을 미친다. 이들 광고는 매체에서 사전에 구축한 브랜드 이미지와 스타일을 강화한다. 눈에 띄는 일관성은 마음의 확신을 주고, 고객이 상품을 구매하도록 만든다.

무변조파

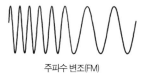

주파수 변조(FM)

진폭 변조(AM)

AM 라디오의 음질은 왜 형편없을까?

전파는 진폭(높낮이)과 주파수(진폭이 '진동하는' 비율)가 원래 가지각색이다. AM 방송은 진폭의 변조를 통해 소리 정보를 전달하는 반면, FM 방송은 주파수의 변조를 이용한다. 변조된 전파 정보는 각각 AM 수신기와 FM 수신기로 해독된다. 하지만 송신기와 수신기 사이에는 환경적 요소, 즉 날씨, 지리적 장애 요소, 건물, 전파 신호 등이 끼어든다. 진폭은 이들 요인으로 왜곡되지만, 주파수는 대체로 그렇지 않다. 또한 진폭은 거리가 멀어질수록 약해지는 반면, 주파수는 그렇지 않다. 따라서 AM 방송은 깨끗한 신호를 잘 보내지 못하지만, FM 방송은 유효거리 내에서 품질을 똑같이 또는 거의 그대로 유지한다.

심지어 최상의 방송 환경에서도 AM 방송의 음질은 나쁘다. FM 신호의 대역폭은 사람이 들을 수 있는 주파수를 전부 포함한다. AM 대역폭은 훨씬 좁다. 말하는 소리는 충분히 들리지만 음악 소리는 그렇지 않다.

순수 온라인 방송
온라인이나 위성을 통해
이용 가능

스트리밍
인터넷으로 듣는 지상파
AM/FM 라디오

지상파
전통적인 송신탑 기반의
AM/FM 방송

광고 수 감소   광고 수 증가

민영 라디오 방송

라디오 광고 빈도를 높이고 싶다면, 중복 청취자를 활용하라.

하나의 라디오 방송만 듣는 경우는 잘 없다. 다양한 방송국의 프로그램을 동시에 들을 경우 **중복 청취자**에 들어간다. 라디오 광고의 도달률을 높이고 싶다면 청취자 중복률이 낮은 방송국에서 광고를 집행하라. 목적이 라디오 광고의 빈도를 높이는 데 있다면 많은 청취자가 중복되는 방송국을 골라라. 같은 사람들이 광고 메시지를 듣고 또 들을 것이다.

	8:00	8:30	9:00	9:30	10:00	10:30	11:00	11:30	12:00	12:30	13:00	13:30	14:00	14:30
M B C	08:20 〈구해줘! 홈즈〉 스페셜				10:05 〈라디오스타〉 스페셜			11:45 MBC 뉴스		11:55 〈전지적 참견 시점〉 스페셜		13:40 〈선을 넘는 녀석들〉 스페셜		
K B S 2	08:45 〈살림하는 남자들〉				10:00 〈영화가 좋다〉			11:10 〈신상출시 편스토랑〉		12:55 〈랜선 장터〉			14:10 〈경찰수업〉 9회	
M T N	8:00 〈이종혁반장의 주식민원처리반 시즌 2〉			9:30 〈머니왕〉 1부		10:30 〈머니왕〉 2부		11:30 〈머니왕〉 3부		12:30 〈우리집 머니스토리〉		13:30 〈파워인터뷰화제인〉	14:00 〈리턴즈 고래삼총사〉	

지상파TV 두 곳과 케이블TV 한 곳의 방송 시간표*
(2021년 9월 11일 토요일 편성표 기준)

* 원문에서 미국 방송사들이 인용되어 있는 것을 한국어판에서는 한국 방송사들로 대체했다.

지상파TV는 프로그램을, 케이블TV는 방송사를 보고 광고하라.

지상파TV의 시대에 ABC, CBS, NBC, FOX 방송사가 생겨났다. 이들 방송사의 목표와 프로그래밍 모델은 창립 당시와 거의 같다. 각 방송사는 낮 시간에 다양한 시청자를 겨냥한 여러 프로그램을 방송해 폭넓은 시청자 층을 확보하려 한다. 반면 일반적인 케이블TV 방송사는 특정한 관심사를 지닌 시청자를 잡으려 한다. 매일 같은 종류의 프로그램을 방영하고, 에피소드를 자주 반복해 틀어준다.

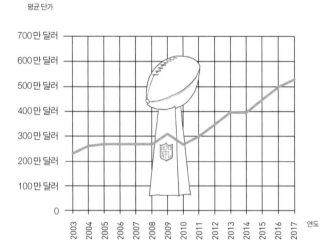

평균 단가

700만 달러
600만 달러
500만 달러
400만 달러
300만 달러
200만 달러
100만 달러
0

2003 2004 2005 2006 2007 2008 2009 2010 2011 2012 2013 2014 2015 2016 2017 연도

30초짜리 슈퍼볼 방송 광고의 평균 단가

슈퍼볼 광고비는 생각보다 저렴하다.

TV 광고 시간은 전국 단위, 지역 '스폿 광고'* 단위 둘 다 구입할 수 있다. 전국 단위 슈퍼볼 광고는 전국의 시청자를 대상으로 하며, 광고비가 수백만 달러에 이른다. 한편 지역 단위는 광고비가 훨씬 적게 든다. 텍사스주 애머릴로는 30초 스폿 광고비가 3400달러가량이며, 메인주 프레스크아일은 1800달러, 알래스카주 주노의 광고비는 810달러다.

* 라디오나 TV에서 프로그램 사이 또는 진행 중에 하는 짧은 광고.

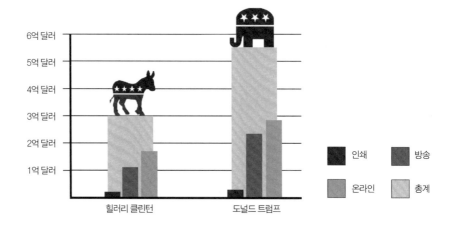

인쇄   방송

온라인   총계

6억 달러
5억 달러
4억 달러
3억 달러
2억 달러
1억 달러

힐러리 클린턴   도널드 트럼프

2016년 미국 대선 후보들이 이용한 언드 미디어

거저 얻을 수 있다면 사지 마라.

페이드 미디어paid media 유료 미디어. 언론 매체를 통해 대중에 배포되는 전통적 광고다. 광고비는 시청자 규모와 공간의 수요에 따라 결정된다.

언드 미디어earned media 뉴스 기사, 사설, SNS 입소문을 통해 노출 효과를 얻는 미디어. 따로 비용이 들지 않는다. 노출을 원하는 당사자가 배포하는 보도 자료에 바탕을 두기도 한다. 가령 신차를 발표하는 자동차 회사, 새로운 대표이사를 채용 중인 백화점, 출마 선언을 하는 정치인 등이다. 보통 이런 뉴스는 언론 매체에서 스트레이트 기사로 보도된다.

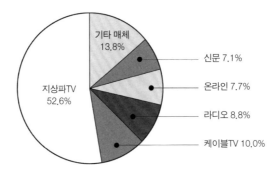

기타 매체
13.8%

신문 7.1%

온라인 7.7%

지상파TV
52.6%

라디오 8.8%

케이블TV 10.0%

2016년 매체별 미국 정치비용 추산 비율

정치인들이 가장 싸게 이용한다.

미국의 방송사는 미국 연방통신위원회FCC의 규정에 따라 연방 선거 후보자에게 경선 전 45일 동안, 총선 전 60일 동안 가장 낮은 금액으로 방송 시간을 판매해야 한다. 정치활동위원회PACs는 그 같은 혜택을 받지 못한다. 방송국들은 줄어든 수입을 만회하기 위해 평소 받는 광고비의 두세 배를 청구하기도 한다.

공평의 원칙

미국 연방라디오위원회U.S. Federal Radio Commission는 라디오 방송이라는 새로운 분야에서 정치적 표현의 자유를 보호하기 위해 1926년 조직되었다. 처음 위원회가 정한 방침 중 하나는, 라디오 방송국은 논란이 되는 문제의 한쪽 입장을 대변할 때 상대 쪽의 요청이 있을 시 입장을 표명할 수 있도록 해야 한다는 1926년의 선언이었다.

1968년 연방통신위원회로 이름을 바꾼 단체는 공평의 원칙으로 알려진 이 원칙을 상업 광고로까지 확대했다. 즉, 담배 광고를 내보내는 모든 TV 방송사와 라디오 방송사는 흡연의 위험성을 알리는 공익방송을 의무적으로 내보내야 했다.

공평의 원칙은 이후 몇십 년에 걸쳐 폐지되었다. 하지만 **동시간 규정**은 선거 기간에 여전히 유효하다. 이 규정에 따르면, 후보자에게 방송 시간을 판매하는 라디오 방송사와 TV 방송사는 상대편 후보자에게도 비슷한 시간을 판매해야 한다.

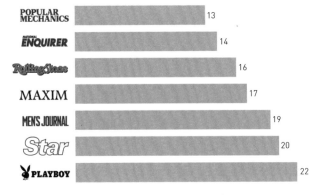

2012년 4~9월 담배 광고를 가장 많이 실은 잡지
자료: Media Radar.

정부의 담배 광고 금지령 이후 흡연율이 증가했다.

담배 광고는 새로운 흡연가를 만드는 데는 별 효과가 없다. 대개는 다른 브랜드를 이용하던 기존 흡연가를 자기 브랜드로 끌어들이도록 도움을 준다. 한편 금연 공익방송은 비흡연가가 담배에 손대지 않도록, 가벼운 흡연가가 담배를 끊도록 하는 데 효과적이라는 사실이 입증되었다.

미국 정부는 1971년 1월부터 TV와 라디오에서 담배 광고를 중단시켰다. 이미 감소 추세였던 흡연율이 더욱 눈에 띄게 줄어들 것이라고 예상했다. 하지만 기대와 달리 담배 광고 중단 후 2년여가 지나자 흡연율은 증가했다. 주요 원인은 광고 금지 조치가 공평의 원칙을 이끌어낼 근거를 없애버렸기 때문이다. 방송국은 담배 광고를 금지당하면서 더 이상 흡연의 위험성을 알리는 공익방송도 할 필요가 없어졌다. 의무였던 공익방송의 효과를 보지 못하게 된 것이다.

〈굿바이 뉴욕 굿모닝 내 사랑City Slickers〉에서 컬리 역을 연기한 잭 팰런스*

* 영화에서 컬리가 "인생의 비밀은 딱 한 가지"라고 말하는 장면이다.

우선순위에 '그리고'는 없다.

광고의 목표는 여럿일 수 있지만, 우선순위는 오직 한 가지다. 판매율 10퍼센트 상승, 인지도 30퍼센트 상승, 선거 승리 등 오직 하나여야 한다. 우선순위에 '그리고'라는 단어가 포함되어 있다면 다른 무엇보다 우선되어야 하는 점을 정하지 않은 것이다.

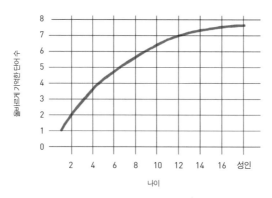

y축: 올바르게 기억한 단어 수

x축: 나이

성인의 기억력으로는 약 7개의 단어 배열을 기억할 수 있다.

선택지가 많다고 좋은 게 아니다.

연구자 쉬나 아이엔가Sheena Iyengar와 마크 래퍼Mark Lepper는 획기적인 연구를 했다. 두 연구자는 식료품점에 테이블을 설치하고, 24가지 잼을 진열했다. 그리고 무료 샘플 잼을 시식하는 고객에게 1달러 할인 쿠폰을 제공했다. 또 다른 날에는 여섯 개의 잼만 진열했다. 진열한 잼 종류를 줄이자 손님은 덜 몰렸지만, 쿠폰으로 인한 판매율은 24가지 잼을 놓은 날보다 10배가량 높았다.

심리학자들은 너무 많은 선택지는 오히려 고객의 구매율을 낮춘다고 믿는다. 거기에는 여러 가지 이유가 있다. 고민하는 시간이 오래 걸릴수록 불안감을 야기하고, 고객들은 완벽한 선택을 해야 한다고 생각하게 된다. 평소보다 더 많은 물건을 비교해봐야 하기 때문이다. 같은 이유로 메뉴 개발 전문가 그레그 랩Gregg Rapp은 레스토랑 운영자들에게 음식 카테고리당 메뉴를 7개 이하로만 넣도록 권한다.

사람들은 대부분 중간쯤 되는 가격의 제품을 고른다.

사람들은 인색해 보이고 싶어 하지도 않지만, 과소비하고 싶어 하지도 않는다. 낯선 선택지 중 하나를 선택해야 하는 상황에서 대부분은 중간 가격의 제품, 혹은 적어도 두 번째로 저렴한 제품을 구입한다. 이런 이유로 레스토랑 메뉴 중 두 번째로 저렴한 음식과 두 번째로 저렴한 와인이 가장 많은 이익을 남긴다.

광고업계에서는 모든 걸
용어로 부르더라.

우린 그걸
애드스피크Adspeak라고 불러.

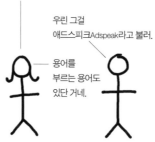

용어를
부르는 용어도
있단 거네.

반발심

행동에 대한 관심은 참여의 자유가 제한되었을 때 높아지는 경향이 있다. **심리적 반발심**과 관련한 연구(Lessne, 1987)에서 연구자들은 "딱 오늘 하루만"이라고 적은 판매 광고가 장기간 또는 기간을 명시하지 않은 판매 광고보다 더 많은 구매를 유도한 사실을 발견했다. 또 다른 연구(Lessne and Notarantonio, 1988)에서는 마트 고객들에게 구매 수량을 네 개로 제한하자 제한이 없을 때보다 평균적으로 더 많은 제품을 구매했음을 확인했다. 반대로 반발심 역시 영향을 미칠 수 있다. 강압적인 구매 권유는 처음에 관심을 보인 고객들조차 물건을 사지 않게 만들 수 있다.

반발심은 다른 많은 상황에서도 발생한다. 시간제한에 대한 우리의 반응 덕에 홈쇼핑 방송이 큰 성공을 거둔 것일지도 모른다. 홈쇼핑은 방송 시간에만 제품을 구입할 수 있기 때문이다. 한 연구(Mazis, Settle and Leslie, 1973)는 인산염 사용이 금지된 마이애미 주민들이 인산염 사용이 허가된 플로리다 탬파 주민들보다 인산염이 들어간 세탁 세제를 더 호의적으로 평가했다는 결과를 내놨다. 가수이자 영화배우인 바브라 스트라이샌드Barbra Streisand는 2003년 자택 사진 공개를 차단함으로써 자신의 사생활을 보호하고자 했는데, 이후 그녀의 집에 더 많은 관심이 몰렸다. 과학기술 관련 블로그 '테크더트'의 운영자 마이크 매스닉Mike Masnick은 이런 현상을 '스트라이샌드 효과'라고 명명했다.

* 1937년 창업한 미국의 제과 브랜드 '페퍼리지팜'은 과거에 대한 향수를 자극하는
  광고와 마케팅으로 미국인들에게 많은 사랑을 받는 브랜드다.

염원이 늘 미래를 향하는 것은 아니다.

염원은 오랫동안 품어온 강한 욕구나 소망 또는 야심이다. 앞으로 원하는 삶의 모습이며, 이를 통해 미래를 계획하게 한다. 하지만 우리는 대개 과거와 비슷한 미래를 꿈꾼다. 우리가 기억하거나 기억한다고 생각하는 어린 시절의 행복, 안정감, 단순함이 있는 미래를 꿈꾼다. 타깃 고객이 어떤 삶을 원하는지 알아내려면 과거와 미래를 모두 살펴봐야 한다.

푸아그라   21.86달러
     날마다 저렴한 가격

오리구이   32.98달러
     재고소진 할인

치킨 살모넬라   9.88달러
     매진임박

가격으로 유혹하라.

9.99달러와 9.95달러 연구 결과에 따르면 우리는 왼쪽에서 오른쪽으로 읽고, 연속해 있는 숫자 중 첫 번째 숫자에 더 큰 의미를 부여한다. 사실상 우리는 9.99달러가 10달러보다 9달러에 더 가깝다고 인식한다. 이러한 인식은 '9^{99}'(9.99달러)처럼 센트보다 달러가 더 크게 쓰여 있을 때 더 강해진다.

별난 가격 책정 2.08달러나 3.67달러는 판매자가 최대한 저렴하게 제품을 판매 중인 것처럼 보인다. 특별 할인을 잘 하지 않는 월마트는 이 전략을 쓴다.

가격대별 책정 온라인에서 쇼핑하는 사람들은 낮은 가격대부터 높은 가격대 안에서 제품을 검색할 것이다. 가령 300~500달러대 또는 500~700달러대에서 안락의자를 검색한다. 300~500달러로 가격을 설정할 경우 500달러짜리 안락의자는 검색되지 않는 반면, 499달러짜리 의자는 검색될지 모른다. 즉, 더 많은 고객이 499달러짜리 의자를 보게 된다는 의미다.

메뉴 가격 책정 레스토랑 운영자들은 대개 '.95' 달러로 끝나는 가격을 선호한다. '.99'보다 품위 있어 보이기 때문일 것이다. '0'으로 끝나는 가격(예: 10.00달러, 10달러)은 식사 후 동전을 짤랑거릴 필요 없이 품위 있게 돈을 건넬 수 있다. 달러 표시를 모두 생략한 메뉴판(예: '푸아그라 19')은 그 식당이 품위 있는 식사의 경험을 경박한 상업적 행위보다 우선시함을 드러낸다. 코넬대학교에서 진행한 한 연구(Yang, Kimes and Sessarego, 2009)에 따르면, 달러 표시를 넣든 넣지 않든 가격이 '0'으로 끝날 때 고객들은 더 비싼 메뉴를 선택했다.

쓰레기에게 제2의 삶을 선물하라.

미국인은 매년 썩지 않는 포장지 2900만 톤을 버린다. 브랜드가 튼튼하게 맞춤 제작된 가방과 박스에 투자하면 매립지에 버려지는 포장 폐기물을 줄일 수 있다. 이를 통해 판매 후에도 고객에게 가치를 제공하고, 재사용되는 가방으로 광고 노출 효과를 얻을 수 있다.

포장지는 티파니의 보석 상자처럼 우아하거나 화려할 필요 없이 기능에 충실하면 된다. 리필이 무료이거나 저렴한 브랜드 레스토랑의 플라스틱 컵은, 재방문 고객층을 만들어내면서 브랜드를 고객의 사무실, 자동차, 주방 찬장에 계속 두도록 만든다. 두꺼운 종이상자에 새겨진 로고는 배송되는 동안, 또 배송된 후에 고객이 개인적 물건을 발송할 때 재사용되면서 브랜드 노출을 증가시킨다. 고객들은 추가적 선택지가 있다는 사실을 깨닫고, 환경오염 역시 줄이게 된다.

이 민트 캔디로
입 냄새 좀 어떻게
해봐.

고마워.
이 종이가방으로
네 얼굴이나 좀 가려.

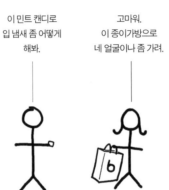

마음의 짐을 안겨라.

마트에서 접시에 담긴 시식용 도넛을 맛본 사람은 도넛 몇 개를 쇼핑카트에 담을 가능성이 높다. 사람이 직접 건네는 도넛을 맛본 사람은 구매 확률이 더 높다. **받은 만큼 돌려주고 싶은 본능**을 불러일으키기 때문이다. 나에게 무언가를 해주는 누군가와의 상호 작용이 더 직접적이고 개인적일수록 똑같이 돌려주고 싶은 본능적 반응이 더 강해진다.

한 연구(Strohmetz, 2002)는 식당 웨이터가 고객에게 계산서를 주면서 민트 캔디를 함께 건네면 팁을 받을 때 어떤 효과가 있는지 실험했다. 한 웨이터 집단이 아무 말 없이 사탕을 건네자 통제집단보다 팁이 3퍼센트 늘어나는 결과가 나왔다. 두 번째 집단에서는 사탕에 대해 언급하며 계산서를 건네자 팁이 14퍼센트 증가했다. 세 번째 집단의 웨이터들은 계산서와 함께 사탕을 건넨 뒤 나중에 더 필요한 것 같아 좀 더 가져왔다고 말하며 사탕을 다시 건네자 팁이 21퍼센트 증가했다.

연구자들은 인간적인 서비스가 핵심이라고 결론 내렸다. 고객들은 세 번째 웨이터 집단이 계산이 끝난 후 다시 다가와서 한 행동을 진심 어린 관심의 표현으로 받아들였다.

햄버거 체인 '웬디스Wendy's'의 창업자이자 대표이사인 데이브 토머스Dave Thomas는 800편이 넘는 TV 광고에 등장했다. 역대 모든 창업자를 뛰어넘는 횟수다.

1퍼센트를 모델로 삼는 건 위험하다.

유명인이나 사회적·경제적 명사가 브랜드의 주요 고객들에게 본인의 일상적 관심을 공유하면 브랜드 인지도를 높일 수 있다. 공통된 관심사가 그 유명인의 연기나 모델 일, 음악 작업에 그칠지라도 말이다. 하지만 타깃 고객이 딱히 관심을 보이지 않는 명사는 분노를 불러올 수 있다. 특히 고객과의 공통점이 브랜드 자체뿐인 회사의 대표이사를 등장시키는 건 위험할 수 있다. 대표이사가 유난히 가식이 없고 품위 있지 않는 한, 광고에 등장하면 고객의 주머니를 노리는 것처럼 보일 가능성이 크기 때문이다.

도브의 '리얼 뷰티' 캠페인

비누, 데오도런트, 샴푸를 포함한 미용 제품을 생산하는 도브는 2013년, 여성은 본인들이 생각하는 것보다 더 아름답다는 아이디어를 팔기 시작했다. 영상 캠페인에서 여성들이 자신에 대한 이야기를 하는 동안 화가가 커튼 뒤에 앉아 그 여성들을 그렸다. 그 후 낯선 사람이 나와서 같은 여성에 대해 이야기하고, 화가는 두 번째 그림을 그렸다. 그리고 여성들 각자에게 초상화를 보여주었다. 스스로를 피곤에 지치고 주름이 자글자글하다고 묘사했던 여성들의 모습은 아름답고 쾌활해 보인다는 낯선 이의 묘사와 대조를 이루었다. 이 캠페인은 12일 만에 5000만 명이 시청했고, 당시로서는 역대 시청 횟수가 가장 높은 바이럴 영상 광고였다. 비누나 다른 제품은 단 한 번도 언급하지 않고 말이다.

광고 후 다시
돌아오겠습니다.

전통 광고
방송과 광고의 확실한 구분

작품 속 광고 삽입 PPL
제품이 방송 내용 안에 등장

네이티브 광고
기사처럼 보임

애드버토리얼

네이티브 광고는 일반적인 관심사를 다루는 잡지나, 뉴스가 풍성한 웹사이트 등의 기사 안에 등장한다. 이 같은 광고는 뉴스 기사, 논평, 제품 정보, 사설처럼 위장하려 한다. 노골적인 메시지를 담고 있지는 않지만 조언, 정보, 좋은 사례, 전문 지식 등을 전달하려 한다.

기사식 광고, 즉 애드버토리얼은 DIY 웹사이트 방문자나 슈퍼마켓 전단지 독자들이 좋아할 수 있다. 하지만 때로 읽는 사람들이 헷갈려하거나 발행된 기사라고 속아 넘어갈 수도 있다.

36×122cm 표준 옥외 광고판

60인치 TV

내 명함이야.

어디?

5×9cm 명함

옥외 광고판을 작게 줄이지도, 명함을 크게 키우지도 마라.

각 매체마다 광고주와 광고 시청자가 처한 환경과 조건이 다르다. 따라서 각각 다르게 접근해야 한다. 옥외 광고판은 거대하지만 재빨리 지나가며 본다. 긴 글을 읽을 여유가 있는 사람들조차 옥외 광고판의 불리한 조건은 어쩔 수 없다. 온라인 영상 광고는 겉보기에 TV 광고와 비슷하지만, 데스크톱·태블릿·휴대전화로 더 가까이에서 보게 된다. '스킵' 기능이 있다면 처음 단 몇 초겠지만 말이다. 명함은 크기가 작아서 받았을 때는 잘 보이지 않을 수 있다. 하지만 받아둔 뒤 나중에 꼼꼼히 살펴볼 수 있다.

FEDERAL TRADE COMMISSION*
PROTECTING AMERICA'S CONSUMERS

* "미국 소비자를 보호하는 연방통상위원회"라는 뜻의 로고.

진실을 연출할 수는 있어도 거짓말은 안 된다.

기저귀, 데오도런트, 심지어 배수관 청소 세제의 실제 사용 장면을 보여주는 건 불쾌함을 유발할 수 있다. 불쾌감을 주지 않고 제품 사용법을 보여주기는 힘들지만, 그 상황을 연출할 수는 있다. 실제 사용 장면을 보여주는 방식이 보기 불편해서 상황을 연출하는 경우라면 트집 잡는 사람은 없을 것이다. 단점보다 장점을 부각하는 방식이 비윤리적인 경우는, 고의로 정보를 잘못 전달하거나 명백한 거짓말일 때뿐이다.

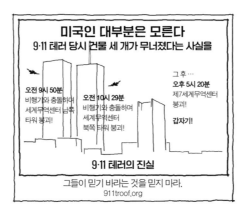

선전의 주재료는 사실이다.

선전은 특정 관점이나 정책을 홍보하며, 주로 정치적 성격을 띤다. 선전의 방식은 한쪽에 치우쳐 있고, 보는 사람을 현혹하며, 과장된 경향이 있고, 혼란을 야기한다. 하지만 선전의 핵심 전술은 대단히 정확한 사실을 활용하는 것이다. 사실을 맥락에 관계없이 교묘히 선택해 전달함으로써 속기 쉬운 대중으로 하여금 왜곡된 정보와 거짓말을 사실로 믿게 만든다.

논리적 설득은 특정 입장의 더 큰 고유한 가치를 입증함으로써 사람들의 생각을 바꾸는 데 목적이 있다. 논리적인 완결성과 공정함이라는 무기로 특정 문제의 다양한 면을 제시하고, 모든 점을 감안해 주장하는 사람의 입장이 왜 더 나은지 그 이유를 설명한다. 선전의 목표는 누군가의 생각을 바꾸기보다는 기존 생각을 드러내고 강화하는 것이다.

"모든 선전의 … 지식수준은 선전의 대상이 되는,
그 사회에서 지적 수준이 가장 낮은 사람의 지적 능력을 넘어서는 안 된다.
… 많은 대중은 외교관도 법학 교수도 아니며,
특정 상황에서 조리 있는 판단을 내릴 수 있는 사람들도 아니다.
하지만 우유부단한 어린아이들은 끊임없이 생각이 흔들린다. …
국민의 대다수는 … 진지한 추론보다는 감정에 지배당한다."

— 아돌프 히틀러,《나의 투쟁》

TM ® SM

저작권
작가 사후 70~120년 동안 글, 영상, 음악,
기타 저작물을 보호한다. 회사의 로고, 마스코트, 유사한
상징(물)은 저작권의 보호를 받을 수 없다.

상표
미국 특허청에 등록(®)된 상품이나 서비스에 쓰인
슬로건, 음원, 로고, 이미지는 보호받는다. 등록되지 않은
상표는 'TM' 또는 'SM'(서비스 마크)으로 표시된다.

지적재산권

광고에서 재사용하려는 기존 이미지, 음악, 캐릭터, 카피는 저작권이나 상표권의 보호를 받을 가능성이 있다. 보호자산의 재사용 허가와 그 비용은 언제, 어디서, 어떻게, 얼마나 자주 사용하느냐에 따라 달라진다. 완전 인수를 하는 경우 무제한 사용이 가능하다. 그렇지 않을 경우 사용 허가와 비용은 사용할 때마다 협상해 정한다. 가령 포틀랜드의 세 개 신문 광고에 사용한다 는 허가 계약을 맺으면 시애틀의 잡지에는 사용할 수 없다. 60초 라디오 광고에서 사용된 음악은 새로운 계약이 없으면 30초 광고 에서 사용할 수 없다.

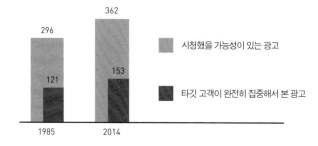

296

362

121

153

시청했을 가능성이 있는 광고

타깃 고객이 완전히 집중해서 본 광고

1985   2014

1인당 하루 광고 노출량

자료: Media Dynamics, Inc.

광고 효과 감퇴

모든 광고는 결국 효과가 사라진다. 효과를 다한 광고는 소비자의 짜증과 분노를 일으킬 수 있다. 일단 광고가 최대 효과에 이르면 효과는 빠르게 감퇴되기 시작한다. 타깃 고객의 관심을 다시 얻을 수는 없다. 어느 단계를 넘어서면 광고의 효력은 끝난다.

효과 감퇴는 **빈도, 노출, 시간**이 상호 작용하며 일어난다. 같은 타깃 고객에게 광고를 과도하게 노출할 경우, 4주 만에 효과가 감퇴할 수 있다. 한편 같은 광고를 매년 한 주 동안 적절한 빈도로 진행하면 그 효과가 수십 년간 지속될 수 있다. 영국 캐드베리Cadbury의 '크렘 에그Crème Egg' 일부 제품은 광고가 30년 이상 변함이 없다. 회사는 소비자들의 향수를 자극할 수 있는 기간인 부활절 이전에만 이 광고를 방영해 수익을 올린다.

경쟁사 광고를 피해가라.

같은 분야의 다른 광고들 사이에서 메시지가 눈에 띄기를 바란다면 의외이면서 적당한 장소에 광고를 게재하라. 가령 시의 관광부서가 여행 사이트나 《콩데나스트 트래블러Condé Nast Traveler》*에 광고를 내면 경쟁사들의 다른 광고에 묻힐지도 모른다. 하지만 그 도시가 음식과 음악으로 잘 알려져 있다면, 푸드네트워크닷컴(FoodNetwork.com)이나 《롤링스톤》등 더 효과적인 광고 매체를 찾을 수 있다.

* 미디어 기업 콩데나스트가 발행하는 세계적인 여행 잡지.

컨버스 광고

유인책을 바꿔라.

어떤 브랜드나 제품이 케케묵고 판매가 부진하다면 소비자의 요구에 부응할 새로운 방법을 찾아야 한다. 자동차 평가 전문매체 《켈리 블루 북Kelley Blue Book》은 자동차에 관한 실시간 디지털 정보 채널로 자리매김했다. 수십 년간 각종 장비와 잔디깎이 기계의 단골 정보 채널이었던 시어스Sears는 회사의 섬세한 이미지를 부각했다. 한 가지 이유는 여성용 제품을 광고하기 위해서였고, 또 다른 이유는 대부분의 구매 결정에서 여성이 결정권을 행사한다는 사실을 알고 있었기 때문이다. 컨버스Converse는 기술적으로 더 앞선 경쟁사의 제품이 자사의 운동화 라인이었던 '척테일러Chuck Taylor'를 밀어냈다는 걸 깨닫자마자 '척테일러'를 패션화로 새롭게 포지셔닝했다.

1911년 헬렌 랜드다운 레조의 우드버리 비누 광고는
광고에서 성적인 요소를 성공적으로 사용한 최초의 사례다.

* 포스터 상단 문구는 "만지고 싶은 피부"라는 뜻이다.

섹시하지 않은 제품을 섹시하게 팔지 마라.

컴퓨터나 잔디깎이 같은 실용적인 제품의 광고에 섹시한 이미지를 사용하면 보는 사람들은 분명 그 전략을 꿰뚫어볼 것이다. 환심을 사려는 노골적인 시도를 재빨리 알아차리고, 그 광고에 심리적 반발심을 느낄 가능성이 높다(Brehm, 1966).

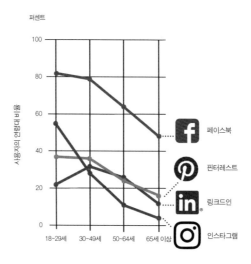

퍼센트

사용자의 연령대 비율

100

80

60

40

20

0

18~29세   30~49세   50~64세   65세 이상

페이스북

핀터레스트

링크드인

인스타그램

2015년 주요 소셜미디어 플랫폼을 이용한 인터넷 사용자의 연령대 비율
자료: Pew Research Center.

젊은층을 잡으려면 젊은층이 모인 곳으로 가라.

2000년대 초반, 남성 화장품 브랜드 '올드 스파이스Old Spice'는 나이 든 고객층을 보유한 나이 든 브랜드였다. 올드 스파이스는 광고 대행사 와이든+케네디Wieden+Kennedy를 고용해 더 젊은 고객들에게 다가가려 했다. 2010년 시작한 TV 광고 캠페인에서 배우 이사야 무스타파Isaiah Mustafa가 장난스러운 남성성을 드러내며 '올드 스파이스 가이'를 연기하고 "남자의 향기를 뿜어내요"라고 대사를 한다. 와이든+케네디는 페이스북과 트위터에서 광고에 호의적인 온라인 댓글을 수집하고 소비자 반응 영상 광고를 제작한다. 광고회사는 며칠 만에 맞춤형 영상 186개를 유튜브에 올렸고, '올드 스파이스 가이'가 팬들의 댓글에 직접 답글을 달았다.

올드 스파이스 영상이 역사상 가장 인기 있는 온라인 쌍방향 광고가 되면서 브랜드의 트위터 팔로워, 페이스북 팬, 유튜브 채널 구독자 수가 기하급수적으로 늘었다. 2010년 말, 올드 스파이스는 미국에서 가장 많이 팔린 남성용 바디워시 제품으로 자리매김했다.

영국 상공부의 2008년 로고는 세 개의 겹친 원 모양이 발기한 남성을
연상시킨다는 지적을 받은 이후 사용이 중단되었다.

중학생들이 광고 카피로 얼마나 많은 장난을 칠 수 있을까?

광고 카피를 쓰는 일은 태어난 아기의 이름을 짓는 일과 비슷하다. 현명한 부모는 다른 사람들이 아이 이름을 가지고 놀릴 가능성이 있는지 고민한다. 광고를 집행하기 전, 제작에 참여하지 않는 사람들까지 포함해 가능한 모든 사람들과 함께 슬로건·카피·제품명·광고·로고를 수정하고 왜곡하거나 패러디할 가능성에 대해 의견을 나누어라. 단어, 음절, 글자를 재조합해보라. 다양한 폰트로 바꿔서 다시 보라. 가장 악랄하고, 천박하고, 부적절한 밈이 무엇일지 생각해보라. 일부러 잘못 발음해보라. 의도치 않은 라임을 만들어보라. 성적 요소를 넣어보라.

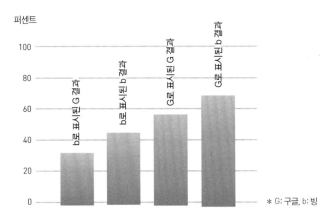

퍼센트

b로 표시된 G 결과

b로 표시된 b 결과

G로 표시된 G 결과

G로 표시된 b 결과

* G: 구글, b: 빙

검색 결과를 선호하는 응답자 비율

확증이 아니라 발견을 위해 조사하라.

확증 편향은 입맛에 맞는 정보를 뒷받침하는 증거만을 보거나 유리하게 해석하고, 그렇지 않은 정보는 무시하거나 왜곡하는 경향을 말한다.

2013년 서베이몽키SurveyMonkey의 조사에서 온라인 검색 엔진 사용자들의 확증 편향이 드러났다. 연구자들은 한 소비자 집단에게 '구글'과 '빙'의 검색 결과를 보여주었고, 각 검색 결과에는 출처에 따라 해당 검색 엔진의 이름이 적혀 있었다. 소비자들 대다수는 '구글'이라고 적힌 결과를 선호했다. 그런 뒤 연구자들은 두 번째 집단에 의도적으로 이름을 잘못 적은 결과를 보여주었다. 다시 대다수가 '구글'이라고 적힌 결과를 선호했다. 하지만 사실은 '빙'의 검색 결과였다. 이 같은 결과는 '구글'의 강한 브랜드 정체성 덕분이었다. 참여자들은 설문조사 전에 이미 가지고 있던 선호도를 분명히 보여준 것이다.

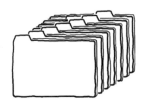

0 1 0 0 0 1 0 1　0 1　0 1 0
1 0 0 1 1 1　0 1 0 0 1 1 1 1
0 1 1　1 0 0 1 0　1 0 1 0 0
0 0 1 0 0 0 1 0 1 0 0 1 0 1 1
1 0 0 1 1 1 0 0 1 1 1　0 1 0
1 1 0 0 1　0 1 1　1 0 0 1 0
0 0 0 1 0 0 0 1 0 1 0 0 0 1 0
0 1 0 0 1 1 1 0 0 1 1 1　0 1
0 1 0 1 1　1 0 0 1 0 1 0 1 0

데이터화
다양한 형식의 정보를
체계적으로 저장

디지털화
컴퓨터에서 사용하기 위해
이진법 형태로 정보 저장

데이터

자체 데이터 회사가 수집하는 정보는 소비자에게서 바로 얻는 것이다. 소비자가 자진해 건네는 정보도 있다. 가령 매장에서 구매할 때 집 주소를 적어 내거나, 구글 검색을 하는 것, 또는 페이스북에 글을 쓰는 행위가 그렇다. 혹은 컴퓨터로 웹사이트에 접속했을 때 남긴 쿠키가 추적되어 검색 활동이 모니터되는 식으로 원치 않게 정보가 넘어가는 경우도 있다.

수집한 데이터 한 회사가 다른 회사에서 구입 또는 계약을 통해 습득하는 소비자 정보를 말한다. 가령 고급 자동차 회사는 고급 시계 회사에서 데이터를 구입하거나, 두 회사가 데이터를 공유하는 계약을 맺는다.

제3자 데이터 데이터 제공사로부터 광고주가 구매한 소비자 정보를 말하며, 데이터 제공사는 수많은 출처에서 데이터를 수집해 특정인 또는 특정 IP 주소 사용자의 습관과 취향을 파악한다. 광고주는 향후 특정 타깃을 겨냥한 광고를 제작할 때 이 데이터를 활용한다.

무작위로 추출한 데이터일수록 정확도가 더 높다.

무작위로 데이터 세트를 습득할수록 정확도는 더 높아진다. 하지만 임의 추출이라고 해서 즉흥적으로 하라는 의미는 아니다. 체계화가 필요하다. 가령 마트에서 정치 관련 설문조사를 실시할 때 '임의로' 가게 안 사람들에게 접근하는 것보다는, 열 번째로 가게를 나가는 모든 손님에게 체계적으로 질문해서 얻는 데이터가 더 무작위이며 정확성이 더 높을 수 있다. 무작위로 접근할 경우, 자신이 선호하는 사람에게 말을 걸 위험이 있기 때문이다.

하지만 최대한 신중하게 습득한 데이터라도 완전히 무작위는 아니다. 식료품점 고객에게 수집한 데이터는 매장의 브랜드와 위치, 이곳이 마트지 농산물 시장이나 협동조합은 아니라는 사실, 또 설문이 진행되는 날이나 시간에 의해 왜곡될 수 있다. 온라인 설문조사는 링크를 클릭하는 경향이 높은 사람들이 설문에 응한다는 사실에 의해 결과가 왜곡될 수 있다. 유튜브의 '좋아요', '싫어요' 투표 역시 왜곡될 수 있는데, 시청자들은 본인들이 검색하는 영상을 좋아할 가능성이 크기 때문이다.

데이터가 더 있나요?
아니면 그거 하나인가요?

데이터는 단수 자격이 충분하다.

명사는 대부분 **가산명사**다. 단수와 복수 형태가 있다. 레노어는 자전거bicycle 한 대와 3달러dollars의 돈, 그리고 많은 친구friends가 있다. **물질명사**는 절대 복수 형태로 존재할 수 없다. 예를 들어 수하물luggage, 교통transportation, 건강health 등이 있다. **집합명사** 또한 학급class, 무리flock, 청중audience처럼 단일한 존재로 취급되는 집단을 가리킨다. 하지만 집합명사는 집단 전체를 가리키느냐 집단의 구성원을 가리키느냐에 따라 단수나 복수 형태가 될 수 있다. 가령 이런 식이다. "배심원은 격리되었다The jury is sequestered." "배심원들의 의견이 나뉘었다The jury are divided in their opinions."

데이터data는 하나의 정보를 가리키는 데이텀datum의 복수다. 마치 가산명사처럼 보여 누군가는 이렇게 말할 수도 있다. "그 데이터는 신뢰할 수 있어The data are reliable." 하지만 '데이터'와 '데이텀'의 관계는 평소 거의 존재하지 않는다. '데이텀'은 보통 기준점이라는 의미로 사용된다. '데이터'는 물질명사처럼 기능한다.

61

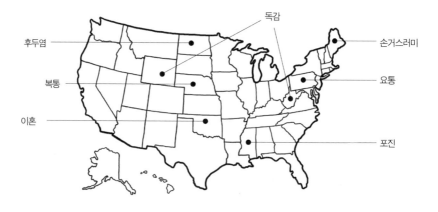

미국에서 특정 검색어의 검색 비율이 가장 높은 주는 어디였을까?
자료: Google Trends, 2016.

빅데이터에 대한 두 가지 생각

빅데이터는 전문 지식을 이긴다. 디지털 시대 이전에 전문가들은 자신들의 경험, 지능, 직감에 의지해 인간의 행동을 설명했다. 빅데이터는 그런 지식을 불필요하게 만든다. 빅데이터는 날씨가 흐릴 때 딸기맛 팝타르트가 잘 팔린다는 사실을 월마트에 알려주며, 구글 검색어가 특정 지역에 집중되어 나타나는 현상을 보면 잠복 중이던 질병이 발생할 위치를 알 수 있다. 전문가들은 찾을 생각도 못했던 정보들이다. 디지털 시대에 전문가들은 데이터보다 영리하지 않다. 전문가들은 데이터를 읽는다. 필요한 정보를 모두 알려주기 때문이다.

위대한 직관은 빅데이터를 이긴다. 데이터는 우리가 어떤 사람이 될 수 있는지가 아니라, 우리가 어떤 사람이었는지 알려준다. 진정한 혁신은 우리가 읽는 정보가 아니라 우리가 느끼는 충동을 통해 일어난다. 애플이나 테슬라처럼 고도로 혁신적인 기업은 시장 조사를 거의 하지 않는다. 진짜 천재는 미래를 직관하지 추론하지 않는다.

"내가 사람들에게 뭘 원하느냐고 물었더라면,
사람들은 더 빨리 달리는 말이라고 답했을 것이다."

— 헨리 포드Henry Ford

빈둥거리는 건 때로는 농땡이지만, 때로는 그 자체로 일이다.

광고학과에는 다양한 재주, 강점과 약점을 지닌 학생들이 들어온다. 분석적이거나 순차적인 방식으로 일하는 사람의 눈에는 문제를 에둘러 접근하고 시간을 너무 낭비하는 듯한 학생들의 모습이 이상해 보일지도 모른다. 하지만 게임장을 갖춘 레스토랑 '데이브 앤드 버스터Dave & Buster'의 광고 캠페인을 제작할 때 인터넷 검색이나 데이터 분석으로 필요한 정보를 알아낼 수 있을까? 아니면 그 레스토랑에 가서 직접 놀아보는 것이 가치 있을까? 또는 비교를 위해 경쟁사 '버팔로 와일드 윙스'나 근처 전자오락실에 가보는 건 어떨까?

혼자 짜는 아이디어는 힘이 없다.

좋은 아이디어는 홀로 좋은 아이디어가 되지 않는다. 현실에서 다른 사람들의 아이디어와 섞이기 때문이다. 창작의 과정에서 사람들이 같이 머리를 맞대지 않으면, 그 결과는 자신을 제외한 누구의 관심도 끌지 못할 가능성이 높다.

아이디어를 떠올릴 때 다른 사람들과 힘을 모으면 난관에 빠지지 않을 수 있다. 심지어 구체적인 아이디어를 내지 않아도 그들이 생각지도 않은 방향으로 이끌어줄 것이다. 사람들의 제안에 동의하지 않더라도 거기서 영감을 얻어 새로운 아이디어를 떠올릴 수도 있다. 그들보다 본인이 더 전문가라는 사실을 증명하고 싶다는 이유라도 괜찮다.

하나의 아이디어를 목숨 걸고 사수할 필요는 없다.

아이디어가 부정적인 평가를 받으면 이해받지 못했다는 느낌이 들 수 있다. 너무 창의적이라 남들이 알아보지 못한 것이며, 천재는 사람들에게 미움 받는다고 느낄지도 모른다. 다른 사람들이 아니라고 말한 아이디어에 더 매달리면서 새로운 아이디어로 넘어가지 않겠다고 버틸 수도 있다.

하지만 본인의 훌륭한 아이디어를 거부한 사람들이 그 아이디어를 이해하지 못했다 할지라도 앞으로 나가지 못할 이유는 없지 않은가? 본인이 정말 창의적이라면 좋은 아이디어를 얼마든지 낼 수 있으니까. 하나의 아이디어에 너무 매달려 있으면 다른 아이디어가 나올 기회가 막혀버린다.

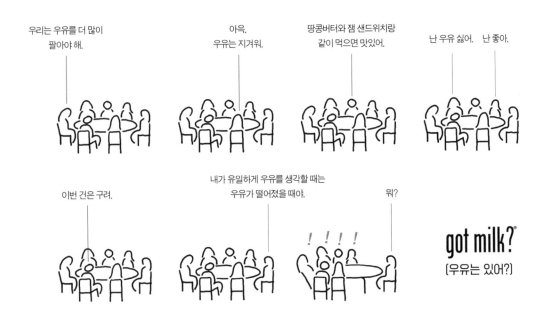

'굿비, 실버스테인 앤드 파트너스'가 만든 1993년 캘리포니아 우유 진흥회 광고

인사이트에 대한 인사이트

인사이트는 관찰의 결과도 발명품도 아니다. 번뜩 떠오르는 영감도, 빠진 재료를 찾아내는 것도 아니다. 어떤 상황의 본질을 깨닫는 일이다.

인사이트를 찾는 과정은 지루하고 힘 빠지는 작업일 수 있다. 검색, 브레인스토밍, 집중, 재집중, 조사, 재조사, 시도, 실패, 또 종종 절망스러운 포기를 동반하기도 한다. 하지만 포기하면서 현재의 상황을 낯선 눈으로 볼 수 있으며, 새로운 시각으로 접근할 수 있다.

마침내 발견된 인사이트는 광범위한 동시에 구체적일 수 있다. 인간의 진실이나 문화적 경험을 드러내면서도 제품이나 제품의 카테고리와 명확히 연결될 것이다. 전에는 생각해본 적이 한 번도 없었지만 내내 알고 있던 사실처럼 느껴질 것이다.

가장 진실한 진실

근사한 슬로건이나 광고 카피를 쓰기 전에 브랜드가 처한 상황을 똑바로 바라보라. 브랜드와 브랜드의 고객, 브랜드에 대한 대중의 생각 또는 본인의 생각을 묘사할 수 있는 가장 직접적이면서도 있는 그대로의 진실은 무엇일까?

가장 진실한 진실은 그 브랜드를 좋아하는 사람과 그렇지 않은 사람의 차이를 보여주는, '그런데but' 등의 수식어를 포함한 짧은 말이다. 다음이 그 예다.

BMW 다른 운전자들을 열 받게 해. 그런데 그게 핵심이야.
크레스트Crest * 콜게이트보다 좋은지 어떤지 모르겠어. 그런데 써봤더니 이가 떨어져 나가진 않았어.
스마트푸드Smartfood 스마트하진 않은 것 같은데 … 스마트한가? 건강한가? 글쎄, 뭐 맛은 좋아.

브랜드의 가장 진실한 진실을 하나 이상 생각해낼 수 있을지도 모른다. 뭐가 됐든 슬로건이나 광고 카피가 될 순 없겠지만, 브랜드의 진실을 담은 광고를 만들 수는 있을 것이다. 그리고 진실이 아닌 뻔한 이야기를 하게 되는 일도 없을 것이다.

* 미국의 치약 브랜드.

* "버크셔 은행 - 미국에서 가장 신나는 은행"이라는 뜻의 로고.

슬로건이 꼭 완벽한 진실일 필요는 없지만,
적어도 믿을 만한 진실을 말해야 한다.

근거 있는 주장을 펼쳐라. 회사의 고객서비스가 빠르다고 말하면 듣는 사람으로서는 그 이야기를 믿을 이유가 없다. "한 시간 이내에 응답합니다"라고 말하면 믿을 만하고 확인해볼 수 있는 근거를 밝히는 셈이다.

최상의 주장이 아니라 차별화된 주장을 하라. 가장 앞서가는 제품을 만들고. 제일 정직하며, 최고의 품질 기준을 갖추었다고 말하면 타깃 고객이 믿어줄까? 최상급 표현은 의심을 불러일으킨다. 어떻게 나은지보다는 어떻게 다른지 말하는 편이 관심을 끌 수 있는 더 효과적인 방법이다.

반대의 주장이 나오지 않을 것 같으면 그 주장은 펼치지 마라. 영국 석유회사 비피BP가 이런 주장을 펼친다. "우리 회사의 역대 휘발유 중 최고다." 하지만 어떤 연료회사도 "이번에 내놓은 우리 휘발유는 이전에 팔던 휘발유보다 품질이 별로다"라고 광고하지 않는 이상 비피의 주장은 고객들에게 아무 의미가 없다.

자신의 귀에만 듣기 좋은 주장은 펼치지 마라. 시골의 지역 은행은 정말로 고객들이 은행 업무의 즐거움을 찾는다고 믿는 걸까? 미국 전체가 목표 시장이라고 말하면 무슨 득이 되겠는가?

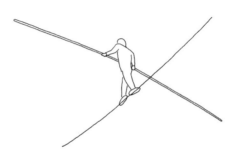

정직한 건 위험하게 느껴질 수 있다.

일반적인 공식을 따라 광고를 만들거나 성공한 브랜드의 광고를 베끼면 그 광고는 수많은 광고에 묻히는 신세가 될 것이다. 다르다는 느낌을 주려면 실제로 달라야 한다. 다르기 위해서는 새롭게 시작해야 한다. 정직해지는 위험 부담을 감당해야 한다. 그래야 비로소 광고 타깃 고객이 어떤 사람들인지, 그들의 욕구가 무엇인지, 어떻게 다가갈 수 있을지 진정으로 알 수 있다. 눈앞의 문제를 가장 정직한 방식으로 해결하라. 그때 가장 적절하고 독창적인 해결책을 찾게 될 것이다.

"마케팅 잡설은 관두고, 진실을 찾아라."

— 다큐멘터리 〈브리플리Briefly〉에서 존 C. 제이John C. Jay

야, 신뢰성dependability은
그 목록에 없는 것 같은데.

맨스케이핑manscaping*은 어느 목록에도 안 올라가 있어.
브레스토랑breastaurant**이나 찾아보자.

'브레스토랑'은 '비니키스 스포츠 바 앤드 그릴Bikinis Sports Bar&Grill'의 등록 상표다.

* 남성들이 체모를 자르거나 다듬는다는 의미로, 'man'과 'landscaping'의 합성어.
** 여성 종업원이 노출이 심한 복장으로 일하는 식당으로, 'breast'와 'restaurant'의 합성어.

모든 단어는 광고에서 온다.

광고 때문에 '크레파스crayon'로 '원circular'을 그려 '프리스비Frisbees'에서 '쇼핑 기회shopportunity'를 잡고, '엘리베이터elevator' 문에 '제록스Xerox'를 붙일 수 있게 되었다. 엘리베이터의 '신뢰성dependability'이 의심스럽다면 '에스컬레이터escalator'를 타고 '가족 같은 친구framily'를 만나 점심을 먹어라. '언콜라uncola'*가 '마실 만한지drinkability' 맛을 비교해 보라. 하지만 식당에서 나가기 전에 '지퍼zipper'를 내리고 '털을 다듬어라manscaping'. 면도하다 상처가 난 곳은 '크리넥스Kleenex'와 '밴드에이드Band-Aids', '아스피린aspirin'으로 처치하고.

* 미국의 탄산음료 브랜드 '세븐업'의 별칭.

JUST DO IT.

신조어를 활용하라.

1988년 광고회사 와이드+케네디에서 만든 나이키의 유명한 슬로건 "JUST DO IT."은 연쇄 살인범 게리 길모어가 1977년 사형
장에서 마지막으로 한 말 "Let's do it"(시작합시다)에서 영감을 얻은 것이다. 하지만 나이키 슬로건의 오랜 성공은 'do it'이 섹스의
완곡한 표현이라는 것과 연관이 깊을 수도 있다. 이 표현은 지금보다 1988년에 더 음란한 표현이었지만, 당시 사람들은 그 의미를
잘 알고 있었다. 와이든은 그 표현을 나이키에 적용했다. 나이키를 즉각적 행동과 연관 지어 운동복에 어울리는 감성을 불어넣
었다. 마지막에 마침표가 붙음으로써 이 슬로건은 운동선수가 되고 싶어 하는 사람에게 확실한 긍정적 지시어가 되어준다. 이
슬로건이 긴 시간 나이키를 대표하는 동안, 나이키는 성적인 의미를 직접적으로 담아 광고한 적이 없다.

MetLife

낡은 도끼로도 나무를 벨 수 있다.

광고를 보는 사람으로 하여금 광고 속에 들어가고 싶게 만들어라. 고객들 스스로 경험을 즐기며, 친구를 사귀고, 문제를 해결하는 모습을 상상할 수 있는 세계나 라이프스타일을 만들어내라.

과거가 아니라 미래를 내다보라. 광고를 보는 사람들에게 해당 제품이 미래로 이끌어줄 수 있다는 사실을 보여주어라.

긍정적 경험을 팔아라. 어떤 경험의 부정적인 면을 보여주는 건 좋지만, 제품이 그 점을 어떻게 극복하는지에 대해 광고 시청자가 흥미를 가질 수 있도록 만들어라.

청년의 차를 노인에게 팔 수는 있지만, 노인의 차를 청년에게 팔 수는 없다. 사람들은 대개 더 젊어지는 상상을 한다. 광고에서 그렇게 될 수 있도록 하라.

좋은 광고는 나쁜 제품에 일어날 수 있는 최악의 일이다. 광고가 제품보다 좋으면 나쁜 뉴스가 만천하에 알려지는 꼴이다.

강아지와 아이만 있으면 뭐든 팔 수 있다. 상상력은 부족하지만, 대개는 통한다.

This is not your father's Oldsmobile. *

* "이 차는 당신의 아버지가 몰던 올즈모빌이 아닙니다"라는 뜻이다.

미국에서 가장 오래된 자동차 회사를 문 닫게 한 광고

1897년 랜섬 E. 올즈가 설립한 자동차 회사 올즈모빌Oldsmobile은 20세기 대부분의 기간 동안 확실한 색깔로 탄탄한 매출을 올렸다. 하지만 1985년 최고 매출인 110만 대 판매 기록을 달성한 뒤 갑작스럽게 고객들의 관심이 감소했다. 노후한 디자인과 변화하는 인구 통계, 외국 자동차 회사와의 경쟁이 이유였다.

1988년, 올즈모빌은 자사 자동차에 대한 인식을 바꾸기 위한 광고를 시작했다. 불행히도 "이 차는 당신의 아버지가 몰던 올즈모빌이 아닙니다"라는 카피는 자동차 구매자들의 공감을 이끌어내지 못했다. 이후 분석에 따르면 광고가 올즈모빌의 정체성을 제대로 팔지 못했으며, 미래가 아닌 과거를 이야기한 것이 패인이었다. 광고는 올즈모빌을 어디에도 속하지 않게 만들었다. 올즈모빌의 기존 소유주들에게는 구식이라고 말했고, 젊은 고객들에게는 나이 든 사람의 차를 사지 말라고 경고하는 꼴이었다. 올즈모빌은 기존 고객의 발길을 끊게 하고, 새로운 고객도 끌어들이지도 못했다.

1990년에 회사는 실패한 카피를 교체했지만, "새로워진 올즈모빌이 탄생했습니다"라는 밋밋한 카피 역시 고객을 불러 모으는 데는 실패했다. 2000년에 이르러 올즈모빌의 매출은 1980년대 후반 전성기 매출의 25퍼센트에 불과했고, 모기업 제너럴모터스는 올즈모빌 사업을 중단하기로 결정했다. 2004년에 나온 모델이 올즈모빌의 마지막 제품이었다.

켈로그 라이스 크리스피의 마스코트인 스냅, 크래클, 팝

3은 환상의 조합이다.

세 개의 아이디어와 이미지는 어쩐지 유쾌하고 흥미롭고 기억하기도 쉽다. '삶, 자유, 행복의 추구', '비행기, 기차, 자동차', '베니, 비디, 비치Veni, vidi, vici'. *

3은 패턴 혹은 리듬을 만들어내는 최소의 숫자 조합이므로, 만약 네 개라면 하나를 줄여라. 두 개라면 하나를 더 고민해보라.

* "왔노라, 보았노라, 이겼노라"라는 뜻. 고대 로마의 정치인 카이사르가 한 말로 알려져 있으며, 이후 담배 회사 필립모리스의 슬로건으로 사용되기도 했다.

Think different.

eat fresh.™

탁월하게 써라.

슬로건이나 핵심 카피가 반드시 문법적으로 정확할 필요는 없다. 하지만 문법에 맞지 않게 쓸 경우, 반드시 짧고 기억하기 쉬워야 한다.

갸ㅡ 각ㅡ

의도적인 오타로 눈길을 잡아라.

센세이셔널한 철자는 관심을 끌기 위해 의도적으로 내는 오타를 말한다. 가령 '플리커Flickr'나 '크리스피 크림Krispy Kreme'이 그런 경우다. 센세이셔널한 철자는 기존의 철자에 비해 더 기억하기 쉽고 도메인 이름으로 쓰기도 좋다.

센세이셔널한 철자는 대개 상표로 등록하기도 더 쉽다. 기존 철자의 상표 등록이 주기적으로 허가되기는 하지만, 일상 언어의 공적인 사용은 제한을 받는다. 케이블TV 방송국 '사이파이'는 그런 이유로 2009년에 기존의 철자 'Sci-Fi'를 지금의 철자 'Syfy'로 바꿨다. '프루트 룹스Froot Loops' 상표의 센세이셔널한 철자는 제품을 출시한 켈로그에 다른 이득을 안겨준다. 바로 시리얼에 과일이 포함되어 있지 않아 거짓 광고라는 혐의에서 무사히 지켜준다.

수사적 소통
보통 수직적이다. 어떤 분야에 정통한 사람이 의견을
바꾸거나 행동을 일으키는 것이 목적이다.

관계적 소통
수직적이지 않으며 포용적이다. 토론 참가자들 간
관계를 돈독히 하는 것이 목적이다.

말을 많이 할수록 신뢰도는 떨어진다.

자신이 한 일을 장황하게 떠벌리는 회사 동료는 대개 의심스러워 보인다. 귀가가 늦어진 이유를 자세히 설명하는 아이나 배우자는 안심을 주기보다는 의심을 불러일으킨다. 칵테일파티에서 사람들을 구석으로 몰아넣고 자기 충고를 왜 들어야 하는지 장황한 주장을 펼치는 사람은 눈살을 찌푸리게 한다. 긴 설명은 사람들을 불편하게 만든다.

우리 전문용어를 너무
많이 쓰는 것 같아.

맞는 말이야.
이제 좀 달라질 때인 것 같아.

진부함은 창의성의 발목을 잡는다.

본인의 생각을 지나치게 익숙한 언어나 자주 사용되는 유행어로 말하기보다는, 서투르더라도 본인만의 언어로 설명하는 편이 낫다. 창의적 과정에 진부함이 섞이면 진심 어린 아이디어와 의견을 내기 힘들어진다. 본인의 다듬어지지 않은 생각이 훨씬 낫다. 다른 사람들이 부족한 부분을 채워주고, 다듬어지지 않은 부분을 매끄럽게 다듬어줄 것이기 때문이다. 창의적인 과정에 진부함이 끼어들면 다른 이들이 걷어내고, 다시 앞으로 나가면 된다.

영국 쇼크업소버의 '멀티웨이 스포츠 브라' 광고 속 안나 쿠르니코바*

* 러시아 출신의 프로 테니스 선수. 포스터 속 문구는 "오직 공만 튀어야 하니까"라는 뜻이다.

군더더기는 걷어내라.

너무 과도한 정보는 사람을 질리게 하고, 메시지의 효과를 감소시킨다. 정보가 과도한 광고는 카피라이터가 시청자의 관심을 당연하게 여기고, 고객이 정보를 '알아들으리라고' 믿지 않는다는 인상을 준다. 또한 카피라이터가 메시지의 핵심을 이해하지 못한다는 느낌을 줄 수도 있다.

카피를 잘라낼 때는 과감해져라. 단순히 메시지를 짧게 만드는 게 아니라 핵심을 말하라. 가장 효과적인 단어를 제외한 모든 단어를 걷어내라. 할 말이 더 있다면 광고를 여러 번에 나눠 하든지 고객을 웹사이트로 향하게 만들어라. 그냥 웹사이트 주소만 적으면 충분하다. "더 많은 정보가 궁금하다면 www.101ThingsILearned.com에 들러 보세요" 같은 말은 필요 없다.

맥도날드 광고 캠페인*

* 광고판 속 문구는 "4달러짜리 커피를 마시는 건 바보짓이다-에스프레소 출시"라는 뜻이다.

옥외 광고판에는 일곱 단어만 넣어라.

옥외 광고판은 크지만, 자동차는 빠르게 달리고 주의 집중의 시간은 짧다. 큰 광고판에서는 수신자 부담 전화번호, 장황한 설명, 웹사이트 주소를 포함한 잡다한 정보를 빼라.

"너무 긴 편지를 보내서 미안합니다.
짧게 쓸 시간이 없었어요."

— 블레즈 파스칼Blaise Pascal, 《시골뜨기의 편지|Provincal Letters》(1656)

Lite 'n' Breezee

24-hour pads

Firckmeyer

Security Systems

𝕮𝖗𝖆𝖕𝖒𝖊𝖎𝖘𝖙𝖊𝖗

German tradition. American brewed.

폰트는 말투다.

메시지의 폰트 자체가 커뮤니케이션의 한 형태다. 본인이 쓴 광고 카피를, 사용하려는 폰트와 가장 거리가 먼 폰트를 포함해 다양한 폰트로 배치해보고, 메시지에 어떤 영향을 주는지 살펴보라. 너무 특이한 폰트는 계획했던 것보다 진지하지 않은 인상을 줄 수 있다. 가느다란 서체는 의외의 신선함을 줄 수 있다. 이탤릭체는 속삭이거나 빨리 움직이는 느낌을 줄 수 있다. 이국적인 서체는 고급스러움과 수공예의 느낌을 불어넣는다. 수많은 폰트 중 하나가 아니라 딱 어울리는 폰트라는 느낌이 들 때, 알맞은 폰트를 찾았다는 사실을 깨닫게 될 것이다.

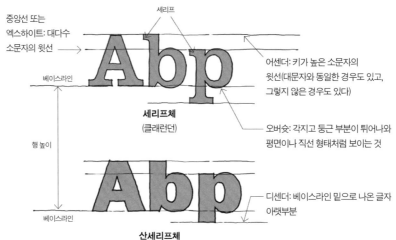

중앙선 또는
엑스하이트: 대다수
소문자의 윗선 →

세리프

어센더: 키가 높은 소문자의
윗선(대문자와 동일한 경우도 있고,
그렇지 않은 경우도 있다)

베이스라인

세리프체
(클래런던)

오버슛: 각지고 둥근 부분이 튀어나와
평면이나 직선 형태처럼 보이는 것

행 높이

디센더: 베이스라인 밑으로 나온 글자
아랫부분

베이스라인

산세리프체
(프랭클린 고딕 헤비)

산세리프체는 그로테스크하다.

과거 모든 폰트는 각 획의 끝부분에 약간의 장식, 즉 세리프가 들어가 있었다. 어디서 비롯된 건지는 확실치 않다. 글자를 돌에 새길 때 가장자리를 정리할 목적으로 사용되기 시작한 것일지도 모른다.

1700년대에 산세리프체가 처음 등장했을 당시, 일부 논평가들은 글자가 조악하며 '그로테스크'하다고 했다. 이 별명은 '프랭클린 그로테스크', '모노타입 그로테스크' 등 실제로 많은 폰트의 공식 명칭에 붙어 사용되었다. 이러한 오명은 그럴 만한 이유가 있었다. 많은 폰트가 비율이 형편없거나, 심지어 소문자도 없었다. 하지만 산세리프체는 가독성이 좋아 헤드라인, 옥외 광고판, 기타 간단한 발표문에 잘 어울렸다. 그러나 이는 산세리프체가 투박하다는 의견을 부추겼다. 산세리프체를 깎아내리던 사람들은 중요한 글은 세리프체로 쓴다고 말했다. 오늘날에도 비슷한 이유로 많은 책의 본문과 신문, 학술 논문, 웹사이트가 세리프체로 작성된다. 심지어 제목은 산세리프체로 쓸 때도 그렇다. 가로로 길게 뻗은 세리프는 한 단어 내에서 글자 간 시각적 통일성을 더해 본문 내용의 가독성을 높이기도 한다.

Google

1999년

Google

2015년

세리프체는 크기를 줄이면 깨진다.

세리프체는 휴대전화의 작은 화면에서 구현될 때 자주 일그러진다. 이런 이유로 구글은 2015년 세리프체를 산세리프체로 변경했다. 그해에 휴대전화 검색이 처음으로 컴퓨터 검색을 넘어섰다. 새로운 폰트는 원래 폰트의 알록달록한 경쾌함을 유지하면서도, 어떤 크기로 해도 가독성이 좋다.

글자끼리
붙음

글자끼리
붙음

BLAUPUNKT

소프트웨어 기본 설정 행간, 헬베티카 블랙 이탤릭

여백이
너무 많음

● BLAUPUNKT

회사 공식 로고

여백이
너무 많음

'BL'
기울기
커짐

'L', 'P', 'T'
획 변경

'T'를 'K'
가까이 이동

● BLAUPUNKT

여백을 균일하게 하기 위한 서체 조정안

기본 설정된 폰트보다 낫게 만들어라.

폰트는 표면적으로 어떤 글자의 조합도 가능하도록 만들어진다. 하지만 자간 문제가 생길 수 있다. 일반적인 본문에서는 눈에 띄지 않지만, 행 맞춤을 하거나 확대하거나 볼드를 주는 경우, 또는 이탤릭체로 바꾸거나 특이한 서체로 쓸 때 특히 도드라질 수 있다.

자간 문제를 알아보기 위해 눈에 힘을 풀고, 단어를 추상적 모양들의 한 조합이라고 생각해보라. 여백의 비율을 조정하며 어느 곳의 비율이 안 맞는지 확인해보라. 전체 자간 조정이 필요한 경우, **트래킹**tracking을 바꿔 전체적으로 글자 사이를 늘이거나 줄일 수 있다. 두 글자 간 부분 조정은 **커닝**kerning을 통해 이루어진다. 로고처럼 텍스트가 특히 도드라지고 상징적인 경우, 글자 자체를 수정해 통일성과 균형감을 높일 필요가 있다.

움직임이 책등 쪽을 향함

인물이 '콜 투 액션', 즉 행동을
유도하는 장치를 향함

움직임의 방향을 조정하라.

광고 메시지에 주의를 집중할 수 있도록 인물과 사물을 배치하라. 사람, 동물, 사물은 주로 본문이나 '콜 투 액션'을 향해 있어야 한다. 몸을 움직일 때도 보통 광고를 '향해' 움직여야 한다.

웹페이지 내에 광고를 삽입하는 경우, 움직임은 대개 화면의 중앙을 향해야 한다. 잡지나 카탈로그 같은 인쇄물에서는 움직임이 책등을 향하는 게 제일 좋다. 책등 쪽에서 바깥쪽으로 움직이는 사람이나 차량은 마치 종이 밖으로 '나갈' 것처럼 무관심해 보일 수 있다. 하지만 오른쪽 페이지에서는 별 문제가 아닐 수 있다. 오른쪽으로 향하는 움직임은 대개 시선과 주의가 향하는 방향과 일치하기 때문이다.

우리 뇌는 단어보다 이미지를 6만 배 더 빨리 처리한다. 따라서 우리는 단어를 처리할 때 필요한 노력을 줄이기 위해 이미지를 찾는다. 이미지를 보기 전에 헤드라인을 먼저 읽게 하려면, 시선이 먼저 갈 수 있도록 헤드라인을 배치하고 크기를 조정하라.

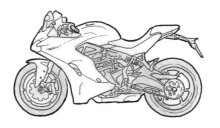

우리는 위에서 아래로, 왼쪽에서 오른쪽으로 '본다'.

서양인들은 글자를 읽을 때와 같은 방식으로 이미지를 보는 경향이 있다. 우리의 시선은 대개 왼쪽 위에서 시작한다. 이 때문에 측면으로 놓인 차량은 보통 왼쪽을 바라보고 있다. 덕분에 우리는 차의 모양을 앞에서부터 뒤쪽으로 '읽는다'.

이미지를 오른손잡이용으로 만들어라.

연구 결과에 따르면, 사용하는 장면을 쉽게 상상할 수 있는 위치에서 제품을 보여줄 때 시청자들이 더 호의적으로 반응한다. 한 연구(Elder and Krishna, 2012)에서 참여자들은 손잡이가 다양한 방향으로 놓인 머그컵 광고를 시청했는데, 손잡이가 오른쪽으로 향한 광고를 보고 난 후 머그잔을 구매하는 확률이 가장 높았다. 사람들의 90퍼센트가량이 오른손으로 머그잔을 잡기 때문이다.

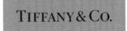

유명 브랜드의 색깔은 기억하기 쉽다.

색깔로 감정을 표현하라.

검은색 권위적인, 막강한, 신비로운, 세련된
하얀색 순수한, 깨끗한, 순결한, 솔직한
갈색 현실적인, 신뢰감 가는, 확고한, 성실한, 예상 가능한
녹색 자연스러운, 비옥한, 재생 가능한, 돈이 많은, 질투심이 강한
파란색 평화로운, 고요한, 안정적인, 보수적인, 책임감이 강한, 슬픈
빨간색 열정적인, 중요한, 위험한, 활동적인, 화가 난
오렌지색 건강한, 정력적인, 세속적인, 위험한
노란색 행복한, 유쾌한, 비열한, 인색한
보라색 창의적인, 상상력이 풍부한, 충성스러운, 로맨틱한

[중앙이 검은색]

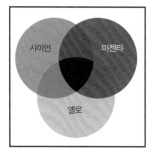

[중앙이 흰색]

CMYK

인쇄 광고의 색깔을 고르고
지정할 때 사용

RGB

디지털 광고의 색깔을 고르고
지정할 때 사용

검은색을 어느 정도 섞어라.

거의 모든 색상 배합은 검은색을 약간 섞으면 더 좋아진다. 검은색은 전체 색 구성을 단단하게 잡아주며, 색이 바래 보이거나 인쇄 품질이 조악해 보이지 않도록 해준다.

봄 더 강한 색상이 점점이 섞인 연한 황록색, 연파랑, 분홍색. 새로움, 젊음, 부드러움, 여성성을 나타낸다.

여름 원색(빨간색, 노란색, 파란색), 이차색(오렌지색, 녹색, 보라색), 삼차색을 주로 사용한다. 단순함, 활동성, 솔직함을 표현한다.

가을 갈색, 올리브색, 황금색, 적갈색. 남성성, 지혜, 현실성을 나타낸다.

겨울 은색, 회색, 검은색. 기계성, 차분함, 무기물을 나타낸다.

강한 대비 검은색과 흰색, 또는 다른 강한 색과 함께 쓴 검은색과 흰색. 힘, 활동성, 결단력을 상징한다.

네온 핫핑크, 선명한 오렌지색, 밝은 라임색. 즐거움, 젊음, 섹시함을 나타낸다.

보색 색상환 반대쪽에 놓인 두 색상. 파란색과 오렌지색, 빨간색과 녹색, 노란색과 보라색이 그 예다. 균형을 나타낸다.

단색 색상환에서 인접한 색깔을 사용하는 것. 빨간색·노란색·오렌지색 또는 두 가지 파란색과 청록색. 차분함을 불어넣어준다.

부드러운 배경색

주방용 액체 세제로 표현한 거품

아크릴 얼음

짙은 색 액체에 물을 넣어
반짝거리는 효과

플래시를 사용하지 않은
자연광 또는 인공 산란광

고른 간격으로 뿌린 참깨

아삭함을 위해 찬물에 담갔다 건진 양상추,
토마토, 양파. 양상추 잎은 옆으로 삐져나오게 하고,
작은 이쑤시개로 빵 고정

빵보다 약간 더 큰 차가운 패티.
전기 목탄 라이터로 그릴 선 추가.
식용유를 뿌려 촉촉하게 해줌

프로의 사진처럼 흐릿하게 처리해라.

프로 사진과 아마추어 사진을 구분 짓는 한 가지 요소가 있다. 바로 피사계 심도DOF다. 좋은 카메라는 렌즈 구경을 조절할 수 있어 사진의 피사체가 확실히 부각되고, 배경과 전경은 흐릿하게 처리된다. 휴대전화 카메라에 조정 기능이 없다면 사진 이미징 소프트웨어로 배경의 피사계 심도를 적절히 흐리게 만들 수 있다.

1 이미징 프로그램에서 사진을 연다. 사진을 복사해 파일 안에 별도의 레이어를 만든다.

2 사진의 아래쪽 부분은 배경으로 이용할 것이다. 전체 이미지를 '블러' 또는 '소프트' 처리한다.

3 사진의 위쪽/피사체 부분에서는 피사체를 제외한 모든 것을 지워 배경이 흐릿하게 보이도록 만든다. 피사체 근처를 지우면서 피사체는 거의 손대지 않으면 보통 만족스러운 결과를 얻을 수 있다.

4 합친 이미지를 평가해보라. 배경을 좀 더 블러 처리하거나, 한쪽 또는 두 개의 레이어 모두 밝기/대비 처리해 피사체를 적절히 강조하면 좋다.

슬라이드는 최대 10개   20분 이하   서체 크기는 최소 30포인트

비즈니스 컨설턴트 가이 가와사키|Guy Kawasaki의 10-20-30 룰

발표 준비를 할 때 자료를 두 개 만들어라.

현장용 발표 자료는 최대한 짧게 만들되, 전문가로 보일 만큼의 길이는 유지하라. 슬라이드나 다른 시각적 요소를 사용한다면 자료 안에 단어는 아주 조금만 넣어라. 시각 자료를 그대로 읽지 말고, 모든 것을 구구절절 설명하거나 말하지 마라. 토론 시간에 헷갈리는 부분을 자세히 설명하면 된다.

배포용 자료를 만들어라. 현장 발표 자료와 같은 요점을 담고 있으면서도 상세 내용, 차트, 사례, 연구 자료, 부록을 포함한 더 알찬 자료여야 한다. 발표가 끝난 뒤 배포용 자료를 제공하라. 청중의 이해를 바라는 마음에 미리 나눠주면 그들은 발표자가 아니라 본인들의 속도로 발표를 들을 것이다. 아니면 발표 다음 날 감사 메모와 함께 자료를 보내는 방법도 있다.

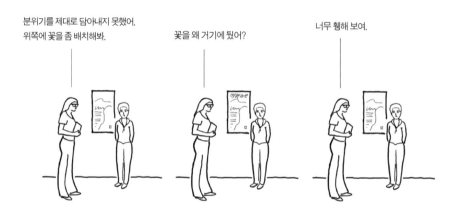

비판을 문자 그대로 받아들이지 마라.

작품에 대한 비판은 단점을 수정할 아이디어가 된다. 하지만 해결책보다는 비판을 귀담아 듣는 것이 더 중요하다. 사람들마다 다른 해결책을 내놓을 수 있으며, 그 해결책들 때문에 엉뚱한 방향으로 가게 될 수도 있기 때문이다. 하지만 한 명 이상이 같은 문제를 언급한다면 그건 거의 확실히 문제다.

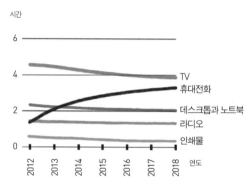

시간

6

4 ————————————————— TV
                    휴대전화

2   데스크톱과 노트북
                    라디오

                    인쇄물
0

2012 2013 2014 2015 2016 2017 2018 연도

미국 성인의 하루 미디어 사용 시간
자료: eMarketer.com

혼자서만 대화를 주도하면 건강한 관계를 맺을 수 없다.

과거 브랜드 커뮤니케이션은 **일대다 방식**이었다. 한 광고주가 수많은 고객에게 이야기하고, 반대로 고객은 광고주에게 거의 아무 이야기도 하지 않는 방식으로 이루어졌다. 소비자들은 브랜드와 제품, 그리고 회사의 광고에 거의 아무런 영향력도 행사할 수 없었다.

디지털 환경에서 브랜드 커뮤니케이션은 **다대일 방식**이 될 수 있다. 고객은 자신의 생각, 불만, 응원, 제안 등을 브랜드에 바로 전달할 수 있다. 답변이 마음에 들지 않거나 자신의 의견이 제대로 반영되지 않는다고 느끼면, 언론 매체가 많고 접근하기도 쉬운 상황이므로 다른 곳에 가서 목소리를 낼 수도 있다.

키 216cm의 농구선수 윌트 체임벌린을 모델로 쓴 1966년 폭스바겐 광고*

* 포스터 속 표제 문구는 "안 된다고들 했다, 도저히"라는 뜻이다. 이 광고에서 폭스바겐은 신장이 216cm에 달하는
윌트 체임벌린은 폭스바겐을 탈 수 없지만, 204cm 이하면 누구나 폭스바겐을 탈 수 있다고 이야기한다.

결점을 인정하면 신뢰도가 높아진다.

폭스바겐은 대형 자동차가 인기인 시대에 미국에 '비틀Beetle'을 소개했다. 광고회사 디디비DDB는 대형 자동차 제조사와 직접 맞서는 대신 폭스바겐 자동차에서 본 우직함을 알리기로 했다. 대부분의 자동차 회사에서 선호하던 틀에 박힌 그림 대신, 소박한 흑백사진과 직접적이고 풍자적인 대화형 카피를 활용했다.

디디비는 2000달러 미만의 자동차는 품질이 조악할 거라고 믿는 고객의 염려에 대해 이야기하며, '레몬'이라는 헤드라인을 단 광고를 내놓았다. 그리고 사진 속의 자동차가 평범한 비틀처럼 보이지만, 품질 검사관이 결함을 찾아 돌려보낸 자동차라고 설명했다. "우리가 불량품을 회수할 테니, 고객님은 완벽한 제품을 소유하세요." 광고는 이렇게 마무리된다. 폭스바겐의 아늑한 승합차 광고는 자랑스럽게 말한다. "사실 한 대는 도둑맞았어요." 카피에서는 엔진의 내구성과 효율성을 자랑하며 자동차 절도범이 어떤 경찰차도 따돌릴 수 있다고 주장한다.

당시 독자 설문조사를 한 결과, 비틀 광고는 광고가 실린 잡지들의 다른 어떤 기사보다 좋은 평가를 받았다. 1999년 미국의 광고 마케팅 전문 매거진 《애드버타이징 에이지》는 폭스바겐의 '싱크 스몰Think Small' 광고를 당대 최고의 광고로 꼽았다.

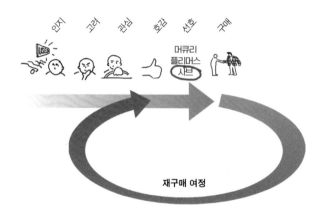

인지   고려   관심   호감   선호   구매

머큐리
플리머스
사브

재구매 여정

당장의 구매보다는 관계를 이어가는 것이 더 중요하다.

기존 고객들에게 광고하라. 고객들은 본인이 현명한 구매를 했다고 느끼길 원하고, 해당 브랜드가 좋은 제품이나 서비스를 계속 제공할지 알고 싶어 한다.

브랜드 소식을 업데이트하라. 회사의 소식과 개발 중인 제품에 대한 뒷이야기를 제공해 회사가 적극적이고 진취적이라는 이미지를 심어주어라. 또 고객이 다음에 필요로 할 때 좋은 제품을 제공하라.

고객과 관계를 구축하라. 고객 보상 프로그램, 친구 소개 보상, 바이럴 광고 장려책 등은 브랜드와 지속적인 관계를 맺도록 만든다.

구매 고객에게 감사 인사를 보내라. 각 고객의 이름을 적어서 보내라. 추후 구매나 친구 소개 시 받게 될 추가 정보나 보상에 대한 내용도 함께 넣어라.

고객서비스를 최우선으로 삼아라. 문제는 어쩔 수 없이 발생한다. 그러니 이에 대비하고 고객에게 공감하며, 문제가 일어나면 확실히 해결하라.

성가신 존재가 되지 마라. 연락 방법과 빈도는 제품에 맞춰서 정하라. 각 고객이 편안해하고 선호하는 방법으로 연락을 취하라.

"사람들은 당신이 한 말과 한 일은 잊어버릴 것이다.
하지만 당신에게 받은 인상은 영원히 잊지 않을 것이다."

— 마야 안젤루 Maya Angelou*

* 미국의 작가이자 배우.

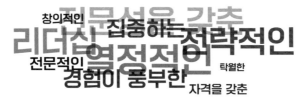

창의적인 전문성을 갖춘 집중하는 전략적인 리더십 열정적인 전문적인 경험이 풍부한 탁월한 자격을 갖춘

2017년 링크드인 프로필에서 가장 자주 사용된 단어

다음에 뭘 할 수 있느냐가 무엇을 했느냐보다 중요하다.

면접관들은 당신이 지금까지 한 모든 프로젝트를 보고 싶어 하진 않는다. 당신이 회사에 어울리는 인재인지 알고 싶어 한다. 제일 자신 있는 작품, 그리고 면접관들의 구미에 맞는 작품을 포트폴리오에 넣어라. 제대로 고르지 못하면 편집하는 방법을 잘 모르고, 어떤 것이 제일 나은 작품인지에 대해 확신이 없다는 인상을 심어줄 수 있다.

포트폴리오를 대화의 도구로 삼아라. 면접관들의 관심을 사로잡을 만한 프로젝트 이야기를 하라. 당신이 진행한 과제와 작업 과정, 그 과정에서 배운 점, 당신의 해결책이 광고주의 요구에 어떻게 부합했는지, 어떻게 더 나은 일을 해냈는지 이야기하라.

드라마 〈매드 맨〉*에서 배우 존 햄이 연기한 돈 드레이퍼

* 1960년대 광고회사를 배경으로 광고제작 책임자이자 극 중 주인공인 돈 드레이퍼의 일과 인생, 광고계 이야기를 다룬 미국 드라마.

본인의 광고를 보는 일은 유명인이 되는 일과 비슷하다.

학생인 당신의 작품은 교실을 찾는 동료, 강사, 업계 전문가의 비평 대상이 될 것이다. 전문가라면 모든 사람에게 비평을 받는다. 실패한 광고는 만천하에 공개된다. 비판에 주눅 들거나 부끄러워할 필요 없다. 성공한 광고 역시 만천하에 공개될 테니까.

참고자료

39번

Lessne, Greg J., "The Impact of Advertised Sale Duration on Consumer Preference," Proceedings of the 1987 Academy of Marketing Science Annual Conference; Lessne, Greg J. and Elaine M. Notarantonio, "Effects of limits in retail advertisements: A reactance theory perspective," *Psychology and Marketing*, 5(1), 1988, pp.33~34; Mazis, M. B., R. B. Settle and D. C. Leslie, "Elimination of phosphate detergents and psychological reactance," *Journal of Marketing Research*, 10, 1973, pp.390~395.

41번

Yang, S. S., S. E. Kimes and M. M. Sessarego, "$ or dollars: Effects of menu-price formats on restaurant checks," *Cornell Hospitality Report*, 9(8), 2009, pp.6~11.

43번

Strohmetz, David B., Bruce Rind, Reed Fisher and Michael Lynn, "Sweetening the Till: The Use of Candy to Increase Restaurant Tipping," *Journal of Applied Social Psychology*, 32, 2002, pp.300~309.

55번

Brehm, Jack W., *A Theory of Psychological Reactance*, New York: Academic Press, Inc., 1966.

90번

Elder, Ryan S. and Aradhna Krishna, "The 'Visual Depiction Effect' in Advertising: Facilitating Embodied Mental Simulation Through Product Orientation," *Journal of Consumer Research*, 38(6), 2012.

옮긴이의 말

온라인으로 운동복 세트를 구매했는데, 손편지와 함께 막대사탕, 마스크가 같이 들어 있었다. 저런 손편지를 받는다면 절대 나쁜 후기를 남기지는 못하리라 생각했다. 쇼핑몰 운영자가 소비자의 이런 심리를 간파하고 고객의 이름을 함께 쓴 손편지를 일일이 남기는지 모르겠지만, 어째서 상품 후기가 거의 다 칭찬을 넘어 감동 일색인지는 알 것 같았다. 바로 이 책에서도 언급되는 "마음의 짐을 안기는" 전략이다. 마트나 식품 가게에서 시식용 음식을 맛보고 나면 그 제품을 쇼핑카트에 담는 것도 비슷한 이유다.

이 책의 저자인 트레이시 애링턴은 캐나다의 광고회사에서 일하며 나이키, 타코벨, 델, 드림웍스 등 유명 기업의 광고와 언론 캠페인을 진행했다. 물론 이 책의 101가지 팁에는 광고회사에서 일하기 위해 필요한 전문적인 지식과 노하우도 포함되어 있다. 하지만 어떤 종류의 회사에서 일하든, 알아두면 제품이나 서비스를 잘 판매하는 데 도움이 될 만한 팁들이 더 많다.

저자는 광고가 거짓 놀음이라는 오해를 자주 받지만, 사실은 "진실을 말하는 기술"이라고 말한다. 그리고 책 전체에서 '진실'이라는 단어는 반복해서 등장한다. 광고회사 카피라이터로 일할 때 내가 종종 했던 고민이기도 하다. '나는 카피라이터라는 이름의 거짓말쟁이일까?' 이때 진실이란 제품에 대한 진실만을 이야기하지 않는다. 소비자의 욕구나 습성, 결점, 사회의 고정관념이나 편견 등의 진실도 포함한다. 어쩌면 제품에만 집중하느라 제품 밖에 있는 진실을 놓치고 있었는지도 모른다.

이렇게 찾아낸 진실을 바탕으로, 누구나 할 수 있는 뻔한 이야기가 아닌 그 브랜드만이 할 수 있는 이야기를 하면 된다. 저자는 진실이 아닌 진부한 이야기 대신, 브랜드의 가장 진실한 진실을 찾아내라고 말한다. 다른 브랜드를 따라하는 것이 아니라, 믿을 만한 진실을 솔직한 방식으로 이야기할 때 독창적인 광고가 나온다는 것이다. 이때 인사이트가 실종된 겉만 번드르르한 광고를 경계하도록 당부한다. 미국의 광고회사 경영인 제임스 랜돌프 애덤스 역시 "좋은 디자이너가 좋은 광고인이 되는 경우는 드물다. 이미지의 아름다움에 홀려 제품을 팔아야 한다는 사실을 잊어버리기 때문이다"라고 경고한다.

결국 광고는 기업이나 브랜드가 고객과 좋은 관계를 맺는 데 도움을 주는 수단이다. 광고가 단기적으로 구매를 일으키면 좋은 일이지만, 고객과 지속적인 관계를 맺어야 오래 살아남을 수 있는 브랜드가 된다. 손편지가 들어간 제품을 받고 감동해 좋은 후기를 남긴 쇼핑몰의 고객은 한 번 더 그 쇼핑몰을 찾고, 어쩌면 오래 관계를 이어갈 것이다. 광고의 기본을 익히고 싶은 광고 입문자들은 물론, 자신이 거짓말을 하는 건 아닌지 의심이 드는 현업 광고인들 역시 기본을 되새기기에 좋은 책이다.